浙江省普通高校“十三五”新形态教材

木球教程

梁　帅　梁久学 ◎著

图书在版编目(CIP)数据

木球教程/梁帅,梁久学著. —杭州：浙江大学出版社,2018.12(2021.1 重印)

ISBN 978-7-308-18566-0

Ⅰ.①木… Ⅱ.①梁… ②梁… Ⅲ.①球类运动—教材 Ⅳ.①G849.9

中国版本图书馆 CIP 数据核字（2018）第 197442 号

木球教程

梁 帅 梁久学 著

责任编辑 朱 辉
责任校对 胡建素 杨利军
封面设计 春天书装
出版发行 浙江大学出版社
(杭州市天目山路 148 号 邮政编码 310007)
(网址：http://www.zjupress.com)
排　　版 杭州林智广告有限公司
印　　刷 广东虎彩云印刷有限公司绍兴分公司
开　　本 787mm×1092mm 1/16
印　　张 13.75
字　　数 268 千
版 印 次 2018 年 12 月第 1 版 2021 年 1 月第 2 次印刷
书　　号 ISBN 978-7-308-18566-0
定　　价 35.00 元

前言

根据浙江省“十三五”新形态教材建设的需要，为进一步推动木球特色项目的教学与创新，提高特色项目教学的质量，加强特色课程的资源建设，创新课堂形态，作者在参考同类教材的基础上，撰写了符合现代信息化教学的木球特色教学与实践的教程，强化了教学设计与方法、教学活动与评价、教学效果与影响等要素。

《木球教程》注重在线学习的有效性，教材内容的结构化、碎片化，学生学习的自觉管理化，充分探索现代木球特色教学的个性特点，教授内容符合现代人体育休闲健身的认知规律，满足学生学习锻炼、娱乐的需要和大学生社会体育指导员服务于社会的需要。

本书由国际木球总会技术委员会副主任、木球国家队教练梁久学教授亲自做低姿势示范动作，他训练的队员曾多次获得世界杯、亚洲杯的冠军；由 2013 年世界木球巡回赛年度总冠军陈琳琳做直立式示范动作；由获得过亚洲冠军、全国冠军的徐艳青、邓克洲做高姿势、自然式示范动作。他们为本书的视频提供教学片，增加学生学习的直观性，使学生能够领略他们潇洒自如的风采，同时具有权威性，便于学生学习和模仿。

由于笔者教学工作繁重、撰写教材时间仓促、收集材料不全面，书中难免有错漏之处，敬请读者批评指正，以便再版时更正。

2018 年 5 月 6 日

目录

第四篇　技术动作创新篇

第五篇　学术研究篇

第六篇　技、战术训练篇

第一篇

认知篇

第一章 | 木球运动概述

木球发展史

第一节 木球运动研发史

木球运动是由我国台湾商人翁明辉先生于1990年研发的，是一项寓休闲、健身与竞技于一体的新兴体育运动项目。

翁先生平时喜欢打高尔夫，打完18个洞大约需要四五个小时，常因为打高尔夫耽误生意，而且打高尔夫球的消费又昂贵。一天他突发奇想：能否发明一种既能休闲健身，又能广交朋友的运动项目？

1990年年初，翁先生看上了位于台北市林内双溪的一块山坡地。那里飞瀑倒挂，山花烂漫，百鸟争鸣，彩蝶纷飞，空气怡人。

他的第一想法是把山坡上的梯田买下，供父亲种花养草，休闲健身。他突然又想到：自行制作简单的球具，在梯田草地上挥杆击球，不正是自己想要的既能休闲健身又能广交朋友的运动吗？

于是，他开始带领工人除去杂草，整修梯田。他初步设想，在梯田上种植耐旱的蜈蚣草，在田埂上种花。修建后花园木球场地之后，他可以经常忙里偷闲在梯田间挥杆，既可享受休闲健身之乐趣，又节省了时间。

为了能在梯田中间来回运动，打高尔夫球是肯定不行的，他又想保持原来高尔夫球的挥杆和推杆动作，因此，只有设计出不仅不飞，还能在草地上滚动，碰到花梗又不会滚下山坡的球才能符合上述条件。经过反复比较，他确定制作球具的材料以木头为最好。于是他请人设计并制造出了几件样品，但经过试打，结果很不理想：不是球的重心不稳，就是球太重，打出时很吃力；球杆太粗，握杆的手感很不好，也不雅观。

翁先生每天苦思冥想，研究理想的球具和运动方式。他希望运动能不受场地限制，健身者既是运动员又是裁判员；技术动作简单易学，老少皆宜；运动具有休闲健身、竞技的功能，不仅能培养团队协作精神，又能展现个人的才华，寓运动性、观赏性、经济性于一体。即用高尔夫球的动作，木质的球具，享受高雅的运动。具体的研究情况如下。

场地：翁先生将过去杂草丛生的山坡地及荒废的梯田进行修整，变成了如今环境优雅、风景怡人的木球运动场地——后花园。围绕梯田的雏形规划设计出12条球道。

道线：木球场地根据比赛、训练、休闲需要可以在草地、沙滩或泥土地上规划比赛球道，用 1 厘米粗(沙滩上 1.5 厘米粗)的白线或黄线作为道线，也可以用树木、路沿、土墙沿等障碍物当界线。

球：有一天翁先生注意到自家木质楼梯扶手上直径 10 厘米的圆形木球，大小适中且能以一手轻易拿起，就决定将其作为标准用球(后采用更适宜的直径 9.5 厘米的木球)。

球杆：翁先生在宴请朋友时注意到啤酒瓶的造型外观，认为其适合当作球杆杆头部分，再加上 95 厘米左右长的握杆，就组成了球杆。制作样品且试打过后发现，不论是挥杆或推杆效果俱佳。

球门：翁先生原来的想法是击球目标和高尔夫球的球洞一样，但木球体积大，进洞后很难取出来，而且挖了球洞下雨天容易积水，同时他希望球门能够方便移动。最终他参考足球球门外形，将两侧门柱换成木制啤酒瓶，同时底部装有 20 厘米长的钉子，以便于随时在场地上布设、拆卸球门；球门网则改成倒挂于球门上的木酒杯，当木球通过球门时，酒杯会向上翻转，象征着干杯庆祝，同时可避免过门与否的争议。

翁先生前后花了约一年时间，从无到有确定整套器材的材质、外形，又经过一年的改良、试做，才做出现今所使用的木球、球杆、球门。之后每一位受邀到后花园打木球的朋友都会问："这么好玩的运动是从哪国引进的？"翁先生听后总是喜忧参半，喜的是肯定是木球十分新奇有趣，所以大家才会认为是外来品；忧的是现代球类运动都为外国人发明，尚未有中国人发明的球类运动普及。这一误会激起了翁先生全力推广木球的决心，从此致力于将男女老少都适合的木球运动推广成新兴运动，为世界体坛开创一项由中国人自行发明的运动项目。

第二节 世界木球组织及赛事

一、世界木球组织

1999 年成立国际木球总会(IWBF)

二、世界杯木球锦标赛

(一) 2004 年 9 月 8 日—12 日第一届世界杯木球锦标赛(中国台北)

(二) 2006 年 8 月 21 日—24 日第二届世界杯木球锦标赛(马来西亚)

(三) 2008 年 5 月 16 日—21 日第三届世界杯木球锦标赛(新加坡)

(四) 2010 年 3 月 30 日—4 月 3 日第四届世界杯木球锦标赛(泰国)

(五) 2012 年 8 月 26 日—9 月 1 日第五届世界杯木球锦标赛(马来西亚)

(六) 2014 年 9 月 5 日—11 日第六届世界杯木球锦标赛(中国三亚)

(七) 2016 年 5 月 25 日—31 日第七届世界杯木球锦标赛(韩国)

(八) 2017 年 8 月 9 日—13 日第一届世界杯沙滩木球锦标赛(印度尼西亚)

(九) 2018 年 7 月 24 日—30 日第八届世界杯木球锦标赛(泰国)

三、 世界大学木球锦标赛

(一) 2004 年 9 月 3 日—7 日第一届世界大学木球锦标赛(中国台北)

(二) 2006 年 9 月 24 日—29 日第二届世界大学木球锦标赛(泰国)

(三) 2010 年 8 月 22 日—26 日第三届世界大学木球锦标赛(乌干达)

(四) 2014 年 10 月 21 日—26 日第四届世界大学木球锦标赛(马来西亚)

(五) 2016 年 10 月 22 日—26 日第五届世界大学木球锦标赛(中国台北)

(六) 2018 年 7 月 19 日—24 日第六届世界大学木球锦标赛(马来西亚)

四、 国际公开赛(部分)

(一) 1997—2005 年连续九届马来西亚国际木球公开赛(马来西亚)

(二) 1998 年 7 月 1 日—4 日泰国国际木球锦标赛(泰国)

(三) 1999 年 10 月 8 日—12 日中国香港国际活木球公开赛(中国香港)

(四) 2000 年 3 月 25 日—29 第一届欧洲木球公开赛(匈牙利)

(五) 2001 年 7 月 1 日—4 日第一届欧洲杯锦标赛暨第二届国际邀请赛(奥地利)

(六) 2002 年 6 月 7 日—11 日第二届欧洲木球公开赛(匈牙利)

(七) 2002 年 7 月 6 日—10 日第二届国际木球公开赛(奥地利)

(八) 2002—2003 年连续两届韩国国际木球公开赛(韩国)

(九) 2002—2005 年连续四届日本木球公开赛(日本)

(十) 2004 年 10 月 16 日—17 日中国国际木球公开赛(中国北京)

(十一) 2005 年 7 月 3 日—7 日第三届欧洲木球公开赛(奥地利)

(十二) 2005 年 9 月 2 日—5 日第一届蒙古国际木球公开赛(蒙古)

(十三) 2006 年 4 月 2 日—5 日中国香港国际活木球公开赛(中国香港)

(十四) 2006 年 4 月 19 日—24 日中国国际木球公开赛(中国宁波)

(十五) 2010 年 3 月 30 日—4 月 4 日第三届泰国国际木球公开赛(泰国)

(十六) 2010 年 4 月 18 日—21 日中国香港国际活木球公开赛(中国香港)

(十七) 2010 年 6 月 10 日—14 日第三届俄罗斯国际木球公开赛(俄罗斯)

(十八) 2010 年 8 月 15 日—19 第十四届马来西亚国际木球公开赛(马来西亚)

（十九）2010 年 8 月 20 日—24 日瑞典国际木球公开赛（瑞典）
（二十）2010 年 8 月 26 日—30 日第四届印度尼西亚国际木球公开赛（印度尼西亚）
（二十一）2010 年 8 月 27 日—29 第一届乌干达国际木球公开赛（乌干达）
（二十二）2010 年 9 月 14 日—17 日中国国际沙滩木球公开赛（中国北戴河）
（二十三）2010 年 9 月 24 日—28 日第九届日本国际木球公开赛（日本）
（二十四）2010 年 10 月 6 日—10 日第一届印度国际木球公开赛（印度）
（二十五）2010 年 11 月 18 日—23 日第十五届中国台湾国际木球公开赛（中国台北）
（二十六）2011 年 4 月 9 日—10 日中国香港国际活木球公开赛（中国香港）
（二十七）2011 年 5 月 1 日—4 日第十一届新加坡狮城杯国际木球公开赛（新加坡）
（二十八）2011 年 6 月 6 日—11 日第四届泰国国际木球公开赛（泰国）
（二十九）2011 年 7 月 19 日—25 日第十五届马来西亚国际木球公开赛（马来西亚）
（三十）2011 年 8 月 12 日—15 日爱沙尼亚国际木球公开赛（爱沙尼亚）
（三十一）2011 年 9 月 8 日—11 日第二届乌干达国际木球公开赛（乌干达）
（三十二）2011 年 9 月 14 日—19 日第四届蒙古国际木球公开赛（蒙古）
（三十三）2011 年 9 月 30 日—10 月 4 日第十届日本国际木球公开赛（日本）
（三十四）2011 年 10 月 9 日—14 日第十六届中国台湾国际木球公开赛（中国台北）
（三十五）2011 年 11 月 14 日—18 日中国沙滩木球国际公开赛（中国三亚）
（三十六）2012 年 2 月 7 日—12 日第五届泰国国际木球公开赛（泰国）
（三十七）2012 年 4 月 14 日—15 日中国香港国际活木球公开赛（中国香港）
（三十八）2012 年 6 月 1 日—4 日第十二届新加坡狮城杯国际木球公开赛（新加坡）
（三十九）2012 年 7 月 20 日—24 日第四届俄罗斯国际木球公开赛（俄罗斯）
（四十）2012 年 8 月 2 日—5 日第十六届马来西亚国际木球公开赛（马来西亚）
（四十一）2012 年 9 月 2 日—5 日第十一届日本国际木球公开赛（日本）
（四十二）2012 年 11 月 22 日—27 日第十七届中国台湾国际木球公开赛（中国台北）
（四十三）2013 年 4 月 20 日—21 日中国香港国际活木球公开赛（中国香港）
（四十四）2013 年 5 月 21 日—26 日第六届泰国国际木球公开赛（泰国）
（四十五）2013 年 7 月 25 日—27 日蒙古国际木球公开赛（蒙古）
（四十六）2013 年 8 月 3 日—6 日第十三届新加坡狮城杯国际木球公开赛（新加坡）
（四十七）2013 年 8 月 11 日—15 日第十七届马来西亚国际木球公开赛（马来西亚）
（四十八）2013 年 9 月 3 日—4 日中国国际木球公开赛（中国宁波）
（四十九）2013 年 10 月 3 日—9 日第十八届中国台湾国际木球公开赛（中国金门）
（五十）2013 年 10 月 17 日—21 日第三届乌干达国际木球公开赛（乌干达）

(五十一) 2014 年 1 月 8 日—14 日印度国际木球公开赛(印度)

(五十二) 2014 年 4 月 12 日—13 日中国香港国际活木球公开赛(中国香港)

(五十三) 2014 年 5 月 19 日—24 日第七届泰国国际木球公开赛(泰国)

(五十四) 2014 年 6 月 11 日—16 日韩国国际木球公开赛(韩国)

(五十五) 2014 年 8 月 5 日—8 日第十四届新加坡狮城杯国际木球公开赛(新加坡)

(五十六) 2014 年 9 月 1 日—4 日中国国际木球公开赛(中国三亚)

(五十七) 2014 年 9 月 11 日—14 日第十三届日本国际木球公开赛(日本)

(五十八) 2014 年 12 月 11 日—16 日第十九届中国台湾国际木球公开赛(中国台北)

(五十九) 2015 年 4 月 25 日—26 日中国香港国际活木球公开赛(中国香港)

(六十) 2015 年 5 月 28 日—6 月 2 日韩国国际木球公开赛(韩国)

(六十一) 2015 年 6 月 22 日—28 日第八届泰国国际木球公开赛(泰国)

(六十二) 2015 年 8 月 1 日—4 日第十五届新加坡狮城杯国际木球公开赛(新加坡)

(六十三) 2015 年 8 月 10 日—14 日第十八届马来西亚国际木球公开赛(马来西亚)

(六十四) 2015 年 9 月 3 日—7 日第五届印度尼西亚国际木球公开赛(印度尼西亚)

(六十五) 2015 年 9 月 26 日—27 日第十四届日本国际木球公开赛(日本)

(六十六) 2015 年 10 月 15 日—19 日中国国际木球公开赛(中国三亚)

(六十七) 2015 年 11 月 19 日—24 日第二十届中国台湾国际木球公开赛(中国高雄)

(六十八) 2016 年 4 月 25 日—29 日中国国际木球公开赛(中国深圳)

(六十九) 2016 年 2 月 22 日—26 日第九届泰国国际木球公开赛(泰国)

(七十) 2016 年 3 月 18 日—22 日第四届乌干达国际木球公开赛(乌干达)

(七十一) 2016 年 4 月 25 日—29 日中国国际木球公开赛(中国深圳)

(七十二) 2016 年 4 月 30 日—5 月 3 日中国香港国际活木球公开赛(中国香港)

(七十三) 2016 年 5 月 25 日—29 日第五届韩国国际木球公开赛(韩国)

(七十四) 2016 年 7 月 30 日—8 月 3 日第十九届马来西亚国际木球公开赛(马来西亚)

(七十五) 2016 年 8 月 5 日—9 日第十六届新加坡狮城杯国际木球公开赛(新加坡)

(七十六) 2016 年 9 月 17 日—21 日第十五届日本国际木球公开赛(日本)

(七十七) 2016 年 10 月 27 日—29 日第二十一届中国台湾国际木球公开赛(中国台中)

(七十八) 2017 年 3 月 11 日—14 日第五届乌干达国际木球公开赛(乌干达)

(七十九) 2017 年 4 月 8 日—11 日香港国际活木球公开赛(中国香港)

(八十) 2017 年 5 月 25 日—28 日韩国国际木球公开赛(韩国)

（八十一）2017 年 7 月 26 日—30 日第二十届马来西亚国际木球公开赛（马来西亚）

（八十二）2017 年 8 月 4 日—8 日第十七届新加狮城杯国际木球公开赛（新加坡）

（八十三）2017 年 9 月 23 日—27 日第十六届日本国际木球公开赛（日本）

（八十四）2017 年 12 月 14 日—20 日第二十二届中国台湾国际木球公开赛（中国新竹）

（八十五）2018 年 4 月 14 日—18 日中国香港国际活木球公开赛（中国香港）

（八十六）2018 年 5 月 24 日—28 日韩国国际木球公开赛（韩国）

（八十七）2018 年 7 月 24 日—28 日泰国国际木球公开赛（泰国）

（八十八）2018 年 7 月 19 日—23 日第二十一届马来西亚国际木球公开赛（马来西亚）

（八十九）2018 年 8 月 3 日—7 日第十八届新加坡狮城杯国际木球公开赛（新加坡）

（九十）2018 年 9 月 1 日—4 日第一届伊朗国际木球公开赛（伊朗）

（九十一）2018 年 9 月 20 日—24 日第五届蒙古国际木球公开赛（蒙古）

（九十二）2018 年 9 月 14 日—18 日第十七届日本国际木球公开赛（日本）

（九十三）2018 年 11 月 22 日—26 日第二十三届中国台湾国际木球公开赛（中国台北）

第三节　亚洲木球组织及赛事

一、亚洲木球组织

1999 年成立亚洲木球总会（AWBF）

二、亚洲杯木球锦标赛

（一）1999 年 8 月 27 日—29 日第一届亚洲杯木球锦标赛（马来西亚）

（二）2001 年 2 月 20 日—22 日第二届亚洲杯木球锦标赛（泰国）

（三）2003 年 10 月 24 日—31 日第三届亚洲杯木球锦标赛（中国南京）

（四）2005 年 8 月 19 日—24 日第四届亚洲杯木球锦标赛（新加坡）

（五）2007 年 11 月 15 日—20 日第五届亚洲杯木球锦标赛（中国彰化）

（六）2009 年 8 月 11 日—16 日第六届亚洲杯木球锦标赛（印度尼西亚）

（七）2011 年 7 月 19 日—25 日第七届亚洲杯木球锦标赛（马来西亚）

（八）2013 年 10 月 3 日—9 日第八届亚洲杯木球锦标赛（中国金门）

（九）2015 年 6 月 25 日—26 日第九届亚洲杯木球锦标赛（泰国）

（十）2017 年 11 月 3 日—8 日第十届亚洲杯木球锦标赛（中国河源）

三、亚洲大学木球锦标赛

（一）2000 年 6 月 22 日—24 日第一届亚洲大学木球锦标赛（中国金门）

（二）2002 年 10 月 2 日—4 日第二届亚洲大学木球锦标赛（日本）

（三）2003 年 8 月 6 日—11 日第三届亚洲大学木球锦标赛（马来西亚）

（四）2005 年 9 月 1 日—5 日第四届亚洲大学木球锦标赛（蒙古）

（五）2007 年 8 月 19 日—24 日第五届亚洲大学木球锦标赛（马来西亚）

（六）2009 年 7 月 20 日—25 日第六届亚洲大学木球锦标赛（中国杭州）

（七）2013 年 11 月 3 日—6 日第七届亚洲大学木球锦标赛（马来西亚）

（八）2015 年 9 月 3 日—8 日第八届亚洲大学木球锦标赛（印度尼西亚）

四、亚洲沙滩运动会木球比赛

（一）2008 年 10 月 18 日—26 日第一届亚洲沙滩运动会（印尼）

（二）2010 年 12 月 8 日—16 日第二届亚洲沙滩运动会（阿曼）

（三）2012 年 6 月 16 日—22 日第三届亚洲沙滩运动会（中国海阳）

（四）2014 年 11 月 14 日—21 日第四届亚洲沙滩运动会（泰国）

（五）2016 年 9 月 24 日—10 月 3 日第五届亚洲沙滩运动会（越南）

第四节　中国木球组织及发展概况

一、中国木球组织

中国木球协会（筹）

二、中国大学木球发展概况

翁明辉先生在木球球具、技术、规则研发成功后，首先想到的就是将这项老少皆宜的休闲运动项目推向大陆，使国民强身健体、修身养性，提高国民素质。

1995 年，翁明辉先生只身来到北京，向国家体育总局社会体育指导中心介绍木球运动。他认为这项运动集休闲与娱乐、竞技与健身于一体，适合不同年龄、性别人群参与，还具有一定的表演性和观赏价值。在孙民治教授的推荐下，这项运动被介绍到了北京体育师范学院（现首都体育学院）。

1996年，翁明辉先生又到改革开放的前沿城市、东海之滨的宁波推广木球，并向宁波大学赠送了球具，深受师生的欢迎。这更增强了翁明辉先生推广木球运动的信心。他先后到沈阳体育学院、北京语言大学、苏州大学、首都体育学院、海南大学等高校传授木球运动技术。我国高校木球队主要以宁波城市职业技术学院为引领：第六届亚洲大学木球锦标赛获女子团体冠军、男子团体亚军，第四届世界杯木球锦标赛获女子团体第四名、男子团体第五名，第六届亚洲杯木球锦标赛获男、女团体第四名，蝉联第二、三、四、五届全国木球锦标赛女子团体冠军、男子团体冠亚军。海南大学、首都体育学院、北京语言大学、北京体育大学、沈阳体育学院、苏州大学、临沂大学等高校木球队都是国内一流的水平，其他院校木球技术水平提升也较快。

我国目前开展木球运动的学校有50多所，参与的学生有近万人。浙江省、海南省、北京市、辽宁省等地高校均举办了木球锦标赛。

此外，木球运动还得到了国家体育总局的认可，在2001年被定为正式推广项目，并于2008年被正式列为我国试行开展的正式体育运动项目（属于大项）。

附：翁明辉先生在大陆主办木球培训班纪事

（一）1995年10月在北京体育师范学院（现首都体育学院）举办第一届全国高校木球培训班

（二）1998年7月在沈阳举办第一次木球培训班

（三）1999年10月在西安举办第二次木球培训班

（四）2001年6月在宁波举办全国木球培训班

（五）2002年11月在上海举办全国木球培训班

（六）2002年9月在南昌举办全国高级教练员培训班

（七）2003年12月在郑州举办全国木球培训班

（八）2004年4月在北京举办全国木球培训班

（九）2006年4月在宁波城市职业技术学院举办国际木球发展和社会体育报告会

（十）2009年7月在杭州举办浙江省木球教练员、裁判员培训班

（十一）2010年6月在北戴河举办全国木球培训班

（十二）2010年7月在临沂举办全国教练员、裁判员培训班

三、全国木球锦标赛

（一）2006年12月30日—31日第一届全国木球锦标赛（广州）

（二）2007年11月3日—4日第二届全国木球锦标赛（北戴河）

（三）2008年9月24日—25日第三届全国木球锦标赛（承德）

（四）2009 年 11 月 12 日—13 日第四届全国木球锦标赛（宁波）

（五）2010 年 7 月 21 日—23 日第五届全国木球锦标赛（临沂）

（六）2011 年 9 月 24 日—26 日第六届全国木球锦标赛（泰兴）

（七）2012 年 10 月 26 日—29 日第七届全国木球锦标赛（池州）

（八）2013 年 6 月 5 日—7 日第八届全国木球锦标赛（三亚）

（九）2014 年 6 月 2 日—4 日第九届全国木球锦标赛（商丘）

（十）2015 年 5 月 30 日—6 月 1 日第十届全国木球锦标赛（泰兴）

（十一）2016 年 12 月 6 日—8 日第十一届全国木球锦标赛（河源）

（十二）2017 年 8 月 24 日—28 日第十二届全国木球锦标赛（贵州）

四、 海峡两岸木球运动交流活动

（一）2000 年北京语言大学举办海峡两岸高校木球夏令营

（二）2002 年北京语言大学举办海峡两岸高校木球夏令营

（三）2004 年北京语言大学举办海峡两岸高校木球夏令营

（四）2006 年北京语言大学举办海峡两岸高校木球夏令营

（五）2008 年首都体育学院举办海峡两岸高校木球夏令营

（六）2008 年宁波城市职业技术学院举办海峡两岸大学生木球锦标赛

（七）2010 年北京语言大学举办海峡两岸高校木球夏令营

（八）2011 年宁波城市职业技术学院举办海峡两岸木球交流赛

（九）2012—2018 年宁波市连续举办七届甬台木球交流赛

五、 我国的木球基地

（一）2005 年 5 月国家体育总局社体中心批准宁波金健体育器材厂为中国木球生产基地

（二）2008 年 1 月国家体育总局社体中心批准宁波城市职业技术学院为中国木球培训基地

（三）2008 年 8 月国际木球总会批准宁波城市职业技术学院为国际（宁波）木球培训基地

（四）2009 年 10 月国家体育总局社体中心批准北戴河为中国沙滩木球基地

（五）2010 年 10 月国家体育总局社体中心批准浙江工业大学为中国木球教学与科研基地

（六）2011 年 11 月国家体育总局社体中心批准临沂大学为中国木球训练基地

（七）2012 年 6 月国家体育总局社体中心批准山东海阳为中国沙滩木球基地

（八）2018 年 8 月国家体育总局社体中心批准广东河源为中国木球训练基地

六、 国际木球总会委员、国际级教练员、国际级裁判员

（一）国际木球总会委员

1. 2011—2016 年，梁久学担任国际木球技术委员会副主任

2. 2016—2020 年，何懿担任国际木球推广委员会副主任

（二）国际级教练员

陈嵘

（三）国际级裁判员

1. 2010 年 3 月 30 日—4 月 3 日，第一批国际级裁判员：梁久学、张四清、汪鸽

2. 2012 年 8 月 26 日—9 月 1 日，第二批国际级裁判员：林松、陈嵘、谢浩

3. 2014 年 9 月 5 日—11 日，第三批国际级裁判员：白金明、陈沂山、刘海洋、徐向前、郑振友、任平、张惠、罗春林

4. 2016 年 5 月 25 日—31 日，第四批国际级裁判员：王越锋、陆毅琛、黄园桂

（四）亚洲沙滩运动会木球比赛技术官员

1. 2010 年 12 月 8 日—16 日，梁久学在第二届亚洲沙滩运动会（阿曼）木球比赛中担任技术官员

2. 2012 年 6 月 16 日—22 日，林松、陈嵘在第三届亚洲沙滩运动会（中国海阳）木球比赛中担任技术官员

3. 2014 年 11 月 14 日—21 日，林松在第四届亚洲沙滩运动会（泰国）木球比赛中担任技术官员

4. 2016 年 9 月 24 日—10 月 3 日，谢浩在第五届亚洲沙滩运动会（越南）木球比赛中担任技术官员

（五）世界杯木球锦标赛技术官员

1. 2014 年 9 月 5 日—11 日，林松在第六届世界杯木球锦标赛（中国三亚）中担任裁判长

2. 2016 年 5 月 25 日—31 日，刘海洋在第七届世界杯木球锦标赛（韩国）中担任技术官员

3. 2017 年 8 月 9 日—13 日，郑振友在第一届世界杯沙滩木球锦标赛（印度尼西亚）中担任技术官员

七、 我国木球运动所取得成绩

（一）世界杯、亚洲杯木球锦标赛

1. 2010 年 3 月 30 日—4 月 3 日第四届世界杯木球锦标赛（泰国）

教练员：梁久学、张四清、汪鸽

成绩：女子团体第四名，男子团体第六名

2. 2012 年 8 月 26 日—9 月 1 日第五届世界杯木球锦标赛（马来西亚）

教练员：梁久学、王晓晴

成绩：女子团体季军

3. 2013 年度世界木球巡回赛

教练员：梁久学

成绩：女子年度总冠军

4. 2014 年 9 月 5 日—11 日第六届世界杯木球锦标赛（中国三亚）

教练员：梁久学、徐英克、王晓晴

成绩：男子团体亚军，男子个人季军，混双亚军

5. 2016 年 5 月 25 日—31 日第七届世界杯木球锦标赛（韩国）

教练员：梁久学、王晓晴

成绩：女子团体冠军，女双冠军，女子个人亚军，男子团体季军

6. 2017 年 11 月 3 日—8 日第十届亚洲杯木球锦标赛（中国河源）

教练员：梁久学、刘海洋、王晓晴、徐艳青、马恺

成绩：男子团体冠军，男、女个人冠军

（二）世界大学、亚洲大学木球锦标赛

1. 2006 年 9 月 24 日—29 日第二届世界大学木球锦标赛（泰国）

教练员：梁久学

成绩：男子团体第四名

2. 2009 年 7 月 20 日—25 日第六届亚洲大学木球锦标赛（中国杭州）

教练员：梁久学、程慎玲、张四清

成绩：女子团体冠军，男子团体亚军，女子个人季军

（三）国际木球公开赛

1. 2013 年 9 月 3 日—4 日中国国际木球公开赛（中国宁波）

教练员：梁久学、程慎玲、张四清

成绩：女子团体冠军，女双亚军

2. 2013 年 10 月 3 日—9 日中国台湾国际木球公开赛（中国金门）

教练员：梁久学、程慎玲

成绩：女子团体冠军，女双亚军，女子个人冠军、亚军

3. 2016 年 4 月 25 日—29 日中国国际木球公开赛（中国深圳）

教练员：刘海洋、陈亮

成绩：男、女团体冠军，男子个人冠军

（四）亚洲沙滩运动会木球比赛

1. 2010 年 12 月 8 日—16 日第二届亚洲沙滩运动会（阿曼）

教练员：徐英克、王晓晴

成绩：女子团体季军

2. 2012 年 6 月 16 日—22 日第三届亚洲沙滩运动会（中国海阳）

教练员：王晓晴、陈沂山

成绩：女子团体季军

3. 2014 年 11 月 14 日—21 日第四届亚洲沙滩运动会（泰国）

教练员：梁久学、王晓晴

男、女团体杆数赛季军，男、女团体球道赛季军，男子个人季军

4. 2016 年 9 月 24 日—10 月 3 日第五届亚洲沙滩运动会（越南）

教练员：徐英克、刘海洋、王晓晴

成绩：男、女团体球道赛亚军，女双季军

第二章 木球球具

木球球具包括球、球杆、球门及附属用品。比赛球具必须采用国际木球总会审定的规格和标准。国际木球总会鼓励木球爱好者探讨技术规则，提高木球运动的趣味性，而且支持研发美观、实用的有利于人体生理、心理健康的新型球具，但必须经国际木球总会批准方可使用，希望广大参与者体验木球、感悟木球、享受木球、结缘木球运动。现将木球的球具形状与规格做如下介绍。

第一节 球

一、球的产生

木球比赛用球是发明人翁明辉先生设计的。一天翁先生下楼时，看到了自家楼梯扶手上的圆形木球，有感而发，兴奋不已。这种球手感较好，重量适宜，于是当机立断采用此球。

二、形状、颜色、标码、重量

球的形状为圆形的球体，用优质木材经过多种工艺制作而成。颜色有两种：一是保持原木质花纹涂清漆而成，二是用漆涂成枣红色。球体上印有木球标志和号码。重量为 350±60 克，直径 9.5±0.2 厘米。如图 2-1-1、图 2-1-2。

图 2-1-1 比赛球

图 2-1-2 标志号

第二节 球杆

一、形状

由杆头和杆把两部分组成，用木质和金属材料做成，形状为“T”字形。如图 2-2-1。

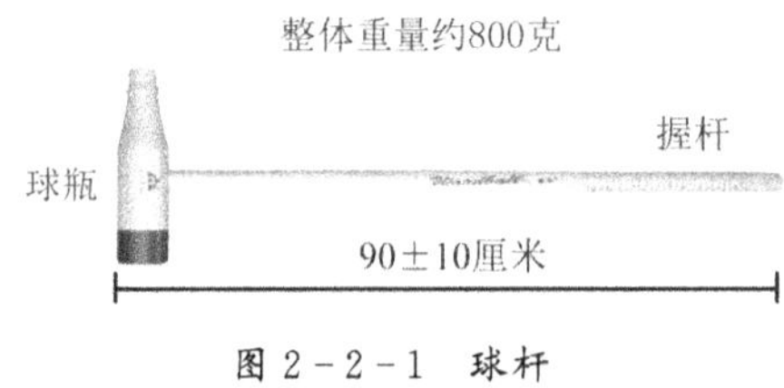

图 2-2-1 球杆

二、长度

球杆总长度为 90±10 厘米(含握杆和球瓶部分)。

三、规格

“S”杆为 80～85 厘米,“M”杆为 90 厘米,“L”杆为 95～100 厘米。其中,XS 杆适用于中小学生,S、M 杆适用于正常身高的人,L、XL 杆适用于身材高大的人。

四、球瓶

球瓶长 21.5±0.5 厘米,瓶底原来是套上一个圆形橡皮帽,现在改用橡皮头。橡皮头直径 6.6±0.2 厘米,底厚 1.3±0.1 厘米,高 3.8±0.1 厘米,缘壁厚 0.5 厘米。如图 2-2-2—图 2-2-4。

图 2-2-2 球瓶　　图 2-2-3 橡皮帽　　图 2-2-4 橡皮头

第一代橡皮帽在使用过程中,由于碰撞力较大,再加上瓶底与橡皮帽存在 0.5 厘米的缘壁,在触击地面障碍物或触击球体边缘时会出现破裂和橡皮帽松动的现象,影响训练和比赛,现在基本被淘汰。国际木球总会经过论证,同意采纳中国木球基地陈福忠先生对橡皮帽的工艺改进,现称为橡皮头。

五、重量

不同型号的杆重量各有不同,但总重量不超过 800 克。

六、 球杆材质

分为木质杆、金属杆、拼木杆三种。如图 2－2－5—图 2－2－7。

图 2－2－5　木质杆

图 2－2－6　金属杆

图 2－2－7　拼木杆

第三节　球门

球门需为“Π”字形且为木头制成，附有金属棒栓头、橡胶管配件。以两支球瓶为球门柱，固定于地面上，球门柱内径宽为 15±0.5 厘米。如图 2－3－1—图 2－3－5。

图 2－3－1　硬地球门

图 2－3－2　软地球门

图 2－3－3　球瓶

图 2－3－4　球杯

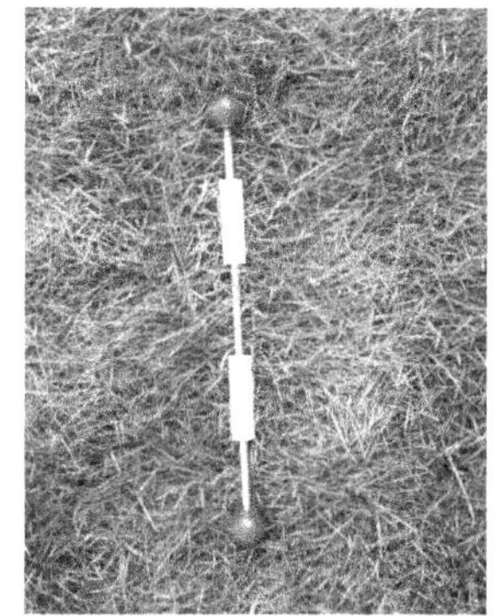
图 2－3－5　组合件

第四节　比赛附属用品

一、 门旗与角旗

为了营造比赛氛围，便于运动员识别转弯与端线，在比赛的转弯处和终端角线处设置旗帜。球门旗的旗面长 40 厘米、宽 20 厘米，旗杆长 60 厘米。如图 2－4－1。角旗的旗面长 75 厘米、宽 50 厘米，旗杆长 1 米。如图 2－4－2。可以采用五种颜色，也可以把比赛名称或赞助商的广告词附上。

图 2－4－1　球门旗

图 2－4－2　角旗

三、 标志旗与广告旗

标志旗是指 30 米限制线的标志旗，旗的高度在 1.2 米以上，插于限制线的两边。旗的规格大小根据主办单位的需要制作，现还有待于规范尺寸。如图 2－4－3。

图 2－4－3　标志旗

图 2－4－4　广告旗

广告旗是指为木球比赛营造气氛，提供给赞助商宣传广告的旗帜，上面可印制广告商的宣传口号及产品介绍，但不得有虚假伪劣产品的宣传，更不能有违背赛事精神的宣传。如图 2－4－4。

三、 标志牌、限制牌

标志牌是比赛的指示牌，上面标明每一道的形状（W）、距离（S）、标准杆（P），有利于裁判员、教练员、运动员了解道型、距离、标准杆以合理安排技术和战术，且增强了场上比赛的氛围。如图 2－4－5。

图 2－4－5　标志牌

限制牌是指发球线两端的标志牌，上面会注明运动会的名称、广告及运动会的会徽（木球总会的会徽），目的是规范宣传比赛，并使大家在同一限制线内进行比赛。如图 2－4-6。

图 2－4－6　限制牌

四、 道绳、喷漆

道绳是规划比赛球道的绳子，一般直径为 1 厘米，在沙滩比赛中直径为 1.5 厘米，绳的颜色有黄色和白色。如图 2－4－7。

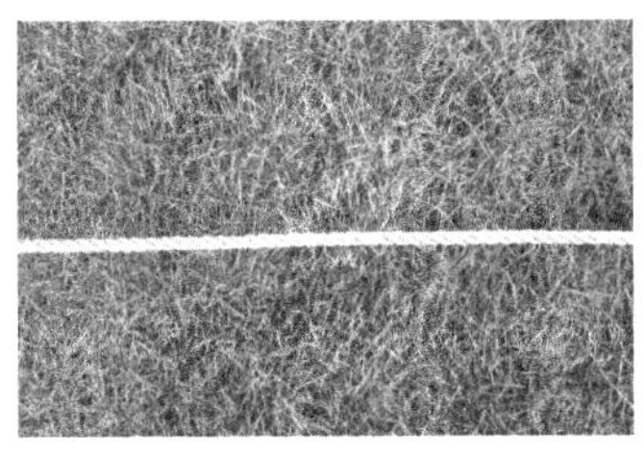

图 2－4－7　道绳

图 2－4－8　喷漆

喷漆主要用于草地发球区发球线、限制线和减杆线的画线，喷漆线以直径 5 厘米为宜。如图 2－4－8。

五、 号码粘贴纸

号码粘贴纸主要用于运动员胸前的号码和球杆、球的粘贴号，以便裁判员分辨击球队员的号码和比赛球。如图 2－4－9。

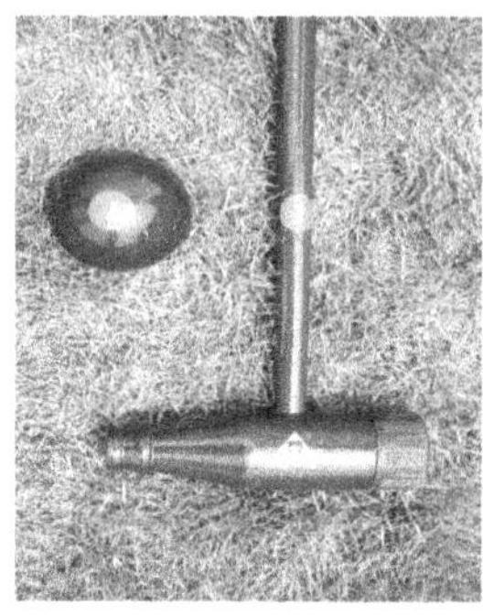

图 2－4－9　号码粘贴纸

第三章 木球的特点与礼仪

第一节 木球运动的特点

木球运动的特点是规则简单,动作易学,场地要求不高,运动量适中,适宜于不同年龄阶段的人群。它集休闲、竞技、健身于一体,是一种高雅的运动。

一、规则简单

规则简单,体现为如下几个方面:

(一)12道(或其倍数)完赛后击球杆数少者为胜者。

(二)瞄球时:球杆头不能碰到球,犯规加罚一杆。

(三)击球时:球杆不能碰到球门,犯规加罚一杆。

(四)击球时:球在球杆头不能有瞬间停留,犯规加罚一杆。

(五)击球动作:不准在双腿中间胯下击球,犯规加罚一杆。

(六)击球出界:若球出界,则在以出界点为中心、丈量两球瓶长度为半径的球道上击球,且加罚一杆。

二、动作易学

挥杆、推杆动作效仿高尔夫球的动作,个别动作有所不同,简单易学,老少皆宜,不受身高、体型、身体素质的限制,拿杆就会,深受大众所喜爱。

三、运动量适中

木球运动不属于对抗性很强的项目,运动起来可快可慢,球道设计根据年龄可长可短,练习时间可根据练习者的需要设置。

四、场地不受限制

场地可在空旷的绿地、沙滩、庭院进行设计和规划。

五、球具物美价廉

木球球具价格低廉,一般的工薪阶层都可买到,每人一支球杆和一个球,球门可以随意移动到任何地点。球杆、球门、球都是木制的，造型优美。

第二节　木球运动的价值

一、参与木球运动有助于健身

木球运动是最好的运动方式之一，因为它不是剧烈的对抗性很强的运动，动作包含走动、转体、挥杆，运动量适中。在草地、沙滩锻炼增加蹬地的力量；挥杆使全身的骨骼和肌肉参加运动，增加大小肌肉群的力量和促进血液循环；每场比赛走700米以上，能使心跳有节奏地加快，增加血管壁弹力，减少剧烈运动导致血管壁破裂的风险，预防中风，同时还能减少胆固醇在动脉壁上的凝聚，预防动脉硬化。

二、参与木球运动有助于亲近自然

木球运动的场地大部分设在山坡、草地、沙滩，当我们在山间、草地上、海边打球时，眼前是葱郁的山林、青翠的小草、烂漫的野花、蔚蓝的天空、一望无际的大海，给我们的生活增添了绚丽的色彩，使人精神振作，心旷神怡，发自内心地感叹“红色的木球，绿色的运动”。

闲暇时间，到户外去挥杆，去聆听小鸟清脆圆润的啾啾鸣叫，去吸取清新自然的空气，去拥抱浩瀚的大海，那才是我们与大自然最亲密的接触。

三、参与木球运动有助于意志品质的形成

在木球运动中，人的情感体验表现得鲜明强烈、紧张多变，而且情绪的产生和变化直接影响到身体各部分能力的发挥，和成绩也有很大关系。运动中体验到的轻松感、获得胜利的喜悦感不仅可以激发运动的强烈动机，而且有利于激发勇敢拼搏的意志，使运动技术得到充分的发挥，从而取得良好的成绩；而如果心怀恐惧、情绪低落、缺乏信心，则往往会妨碍技术的发挥。因此，在木球运动中，人有意识地控制自己的情绪，克服主客观方面的困难，不仅可以集中注意力以取得好的成绩，而且可以培养个人坚持实现目标、克服困难的意志品质。

意志品质既是在克服困难的过程中表现出来的，又是在克服困难的过程中培养出来的。木球锻炼的特点就是在于需要不断克服客观困难（如气候条件变化、动作难度等）和主观困难（如胆怯、畏惧和紧张等），因而是培养坚强意志品质的有效手段。木球锻炼有利于磨炼人的意志，对培养吃苦耐劳、坚忍不拔、果断、勇敢、自控等良好的心理

品质具有很好的促进作用。

四、参与木球运动有助于心理健康

现代奥运会之父顾拜旦在他的名著《体育颂》中曾满腔热情地歌颂道:“啊,体育,你就是乐趣!想起你,内心充满欢喜,血液循环加剧,思路更加开阔,条理更加清晰。你可使忧伤的人散心解闷,你可使快乐的人生活更加甜蜜。”可见,体育锻炼对心理健康有着良好的作用。

在现代社会中,由于竞争的激烈和生活压力的加大,一些人可能会产生焦虑、悲观、失望的情绪,进而产生各种心理健康问题。研究表明,木球锻炼有助于摆脱压抑、悲观等消极情绪,降低焦虑,消除忧郁,使人们保持心理平衡,达到心理健康的目的。

人们参加木球运动并坚持锻炼,不仅身体素质、心理状态会得到改善,而且也会相应地掌握一些技术技能。当取得这些成绩后,个体会以自我反馈的方式传递其信息于大脑,从而使人产生成就感,产生愉快、振奋和幸福感。譬如,木球锻炼者若能完成自己制定的锻炼计划,达到具体的目标,将会获得心理上的满足,产生成就感,从而增强自信心,达到很好的消除心理障碍的效果。

焦虑和抑郁是两种最为常见的情绪困扰,大量研究结果均表明体育锻炼能有效减轻焦虑和抑郁症状。美国的一项调查显示,1750 名心理医生中有 60%的人认为应将体育锻炼作为一种治疗手段来消除焦虑症,80%的心理医生认为体育锻炼是治疗抑郁症的有效手段之一。尽管体育锻炼和焦虑症、抑郁症之间的关系尚未十分明确,但体育锻炼作为一种心理治疗手段在国外已开始流行起来。

总之,木球锻炼不仅能有效促进学生智力的发展和良好心理品质的形成,而且还能够调节情绪,改善人际关系,消除心理障碍,缓解心理疾病,从而增进健康。

第三节　木球比赛的礼仪规范

木球比赛有很多礼仪,包括乘车礼仪、服装礼仪、适应场地礼仪、赛前礼仪、比赛礼仪等内容,它们都关系到一个人修养和文明的程度。

一、乘车礼仪

乘车前往比赛场地前,先拿好自己的球具袋,按顺序上车,不要拥挤。前排先行,后排跟进,如有行动不便的,要相互搀扶,礼貌让人。下车时注意球具不要碰撞到其他人,并注意看有无过往车辆,一站二看三通过,注意交通安全。

二、 服装礼仪

木球运动属于室外运动，穿戴要庄重又不失优雅大方，便于运动，不能穿奇异服装。参加团体赛的同队队员要穿同一款式的运动服。运动和领奖时可以穿 T 恤、运动短裤等休闲服装。上述服装要求有袖和带领子。

要穿便于运动的休闲鞋、运动鞋或沙滩鞋，不能穿高跟鞋，一是因为木球运动注重环保，要保护草地，二是防止运动中扭伤关节和拉伤韧带。

三、 适应场地礼仪

适应场地时，一是注意安全，二是礼貌谦让，三是适可而止。准备击球时，先看一下前方是否有其他队员在球道内，如有先礼貌示意其通过，再进行击球；击球时要控制好力度和方向，防止球打偏或力量过大而伤到别人；击完球从道外走，不能横穿球道，以免被别的球员打到。

四、 赛前礼仪

（一）赛前检查礼仪

一是检查参赛证是否佩戴；二是检查自己的球具和附属用品是否符合比赛标准；三是查看自己的组别及分组；四是注意自己比赛的时间。

（二）检录礼仪

按照比赛时间提前到检录场地进行检录，注意不要交头接耳或高谈阔论，影响裁判员检录。当点到自己的名字时喊“到”，然后按照同组队员的顺序，站在自己的位置上。检录完毕，在裁判员的引导下，到比赛场地认真听裁判员的讲解，不要乱跑和随意挥杆。

五、 比赛礼仪

（一）击球时的礼仪

注意自己的等待位置，比赛开始后裁判员会按照顺序点名，运动员需要按照大会的时间安排击球。别人击球时不要大声喧哗，以免对其造成影响。当前一组完成后离开球道，第二组方可进入球道进行比赛。自己击球时，不要反复移动球或瞄球，文明击球，不影响球场比赛进程；不要在球的前面用脚或球杆头平整击球路线，否则会收到警告；在十秒内将球击出。

（二）球道上的移动礼仪

在球道上的移动能反映一个人的精神面貌，也是其个人修养和文化素质的体现。

移动时最基本的原则：一是不能单手托杆；二是不能肩扛球杆；三是不能拉杆推球；四是不能用脚踢着球走。正确的方法是：左手拿球，右手握杆的前端靠近杆头处，使球杆随身体自然移动。

（三）击球遗失时的礼仪

比赛时，球会因为遇到障碍物改变方向或因击球不正确到了树林、花丛里，运动员会因此找不到球。这时裁判停止比赛，其他人自觉地帮忙寻找。如果原来的球找不到了，可以更换球。大家一起找球，使得场上气氛融洽和谐，又节省了比赛时间，运动员之间同时产生了友谊。遗失球的运动员要礼貌地表示谢意，然后继续下一杆的比赛。

（四）击完球后的礼仪

击球过门后，大家要有礼貌地给以鼓励，如“好球”“good”等赞美的语言，运动员要表示感谢。如果攻门后酒杯还在摆动，要用手扶稳，切勿用脚或球杆去挡，这样是不礼貌的。

第二篇

应用篇

第四章　木球场地的构思与设计

木球简介

木球运动属于寓休闲、健身、竞技于一体的新兴运动项目，休闲健身的场地可以是庭院、花坛、公园、田野、山坡、沙滩、雪地，不受规划限制，可以随心所欲，只要玩得开心，达到休闲健身的目的就行。如果是竞赛性质的比赛，就要依据规则要求根据比赛对象的身体状态，设计不同距离、不同形状、不同难度的球道，尽量使其符合规划。根据木球规则的要求，场地设在草地、沙滩或泥土地上。木球场地草坪可分为人造草坪和自然草坪，木球场地沙滩可分为人工沙滩和自然沙滩。

第一节　场地通则解读

（一）木球场地应设置在宽阔的草地、沙滩或泥土地上，在上面规划比赛球道。

（二）木球场地可利用自然物作为界线和球道障碍物。如：利用树、树林边沿、挡墙、土坡或土堆等物作为参照物和标志线。

（三）球道根据地形可设置不同宽度的观赏区。

（四）木球比赛场地，应有平面设计图，标示球道地形及全景，以便于运动员、裁判员、观众纵观全景。

第二节　场地规格与要求

（一）木球场地规划为 12 条球道（或其倍数，24 道最好分为 A、B 两场地）。

（二）根据场地面积，规划不同长度的球道：50 米以下为短道，51～80 米为中道，81～130 米为长道。

（三）木球场地 12 道总长度为 700 米以上。

（四）球道宽度根据地形规划，最宽处不大于 10 米，最窄处不小于 3 米。

（五）球道长度测量方法：从发球线中心点沿球道中央到球门中心点，为球道的实际距离。

（六）12 条球道中，至少有 4 条弯道，其中 2 条左弯道、2 条右弯道。

（七）12 条球道中，至少有 2 条短道、2 条长道。

（八）每一道的起点应该设一横线或喷漆于草地上作为发球线，线长 2 米。也可以规划出 2 米 * 3 米的长方形发球区。

（九）球道线为直径1厘米（沙滩上为直径1.5厘米）的白色或黄色绳子，也可以用自然障碍物作为界线。

（十）以球门为中心，设置直径约为5米的圆形球门区（不画线），球门区后方距球道线应有2米的缓冲地区。

（十一）球门设在球门区的中心点上，球门可以朝任何方向。

（十二）应在比赛前修整场地，使球道、发球区、球门区地面平整。

（十三）如受天气和地形影响，主办单位可酌情规定适用规则，但不得违反规则原有精神。

第三节　场地设计原则

根据木球场地的通则和规格要求，我们设计的原则是在不违反规则精神的情况下，依据场地地形尽情构思与发挥，设计出新颖、科学、具有实用性和观赏性的球道。这样才能使运动员和观众耳目一新，为运动员创造最佳成绩提供条件，为观众欣赏比赛提供最佳环境。

一、以场地平整为原则

规则中有三处谈到场地平整：一是球道中央平整，有利于球的滚动；二是发球区平整，有利于击球；三是球门区平整，有利于攻门。在设置发球区和球门区时尽量使其平整无障碍物，如提高难度设计上坡或下坡时要考虑上述三个方面的平整原则。

二、以长度均衡为原则

规则中规定有长道、中道、短道，在设计时要考虑均衡的原则，防止出现不是长道多就是短道少的现象。设计时要根据比赛对象设计出不同的球道。如青年比赛适当增加长道，老年比赛适当增加短道，中年比赛适当增加中道。一般情况下，长、中、短道保持均衡：长、短道各占30％，中道占40％，相加总长度达700米以上。

三、以道形多样化为原则

为增加比赛的趣味性和观赏性，场地设计中，要增加球道的多样化，如有直道和弯道，弯道又分内弯道、外弯道、左弯道、右弯道等，在道形上要变化多样，不要重复，使队员在每一道上都有新鲜感。但尽量不出现“S”“Z”“U”等形状的球道，这样的球道会使运动员心烦，不利于比赛的顺利进行，更容易对其造成伤害。

四、 以自然地形设计为原则

木球运动倡导的是环保理念，设计场地时要保持自然的地形地貌，不要破坏自然的原生态环境。不管球道中间是有树木、花草还是上坡、下坡，都要保持原样，不破坏环境和生态。以保持自然地形为原则的球道设计才是最佳的，这样更符号“红色的木球，绿色的运动”的宗旨。

五、 难度适宜的原则

球道设置要难度适宜，不要难度太大，若很多运动员都难以完成，这就失去了设计球道的意义。要使大家都感到有难度，但又能完成，这就达到难度适宜的目的。

六、 运动量适中的原则

球道设置要与运动员的体力消耗成正比，根据有氧运动的原则，使其在比赛期间的运动心率达到100～120次/分左右。运动员打完12道在1小时左右，感到有点累，也就达到了锻炼目的。木球运动是中、低强度的运动，通过有氧运动能让全身各组织、器官得到良好的氧气和营养供应。所以，设计球道以运动员活动时间为1小时左右最佳，达到运动量适中的目的。

七、 加减杆相等的原则

规则规定，在长球道上要设置30米的限制线和5米的减杆线。比赛中有限制线，就要设置减杆线，要安排在长道上，使整个比赛中形成加减杆相等的均衡原则。

第四节 场地设计图表

球场案例：

在田径场内设计木球场地时，在比赛前期要做好平地图面设计，算出距离和标准杆数，这样，一个完整的场地图就设计完成了。如表4-4-1。

表4-4-1 12道设置参考

球道距离S	标准杆P	道形W	球道距离S	标准杆P	道形W
1道(45M)	3	直	7道(60M)	3	右斜
2道(75M)	4	直	8道(45M)	4	左弯

续　表

球道距离 S	标准杆 P	道形 W	球道距离 S	标准杆 P	道形 W
3 道(80M)	5	右弯	9 道(40M)	3	右弯
4 道(85M)	5	加减道	10 道(80M)	4	左斜
5 道(50M)	3	左弯	11 道(75M)	3	直
6 道(65M)	3	直	12 道(80M)	4	右弯

场地设计与规划,除了参照规则以外,要灵活地考虑参加人数、参加对象、比赛流程、天气变化、道形难度和球道长度等诸多因素,不要因为场地影响比赛,使比赛失去连续性。场地设计好后,要组织运动员试场地,发现问题及时采取补救措施,防止运动员和主办方产生争议。要提供优质场地以便运动员创造好成绩,并掌握第一手资料,为今后筹备大型运动会提供依据。

平面图如图 4-4-1。

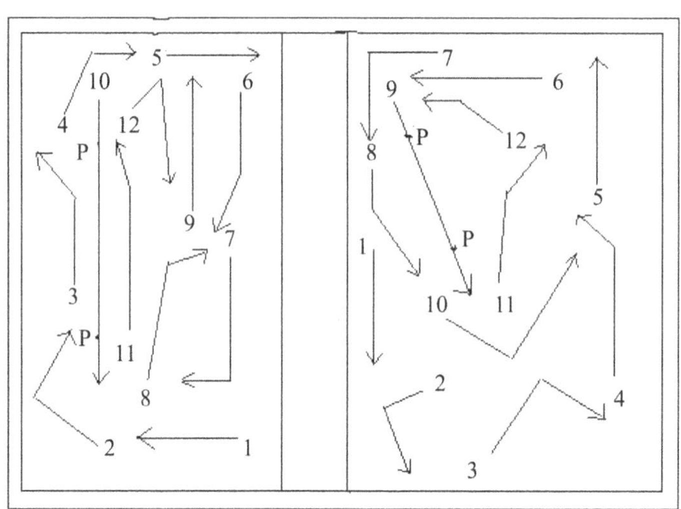

图 4-4-1　第四届全国木球锦标赛 A、B 场地平面图

第五章 木球比赛的记录方法和表格设计

木球比赛的记录符号，是裁判员必须掌握的第一手资料。裁判员要熟记符号，掌握一定的记录方法，把握表格的格式，熟练记录好每一杆，清晰记录好每一道，统计好每位运动员的成绩，完成好每项的签字，将准确的记录表交大会记录组。

第一节 记录符号与范例

一、记录符号

杆数符号 ／ 罚杆符号 V 减杆符号△ 攻门成功符号○或 ∅

二、画记符号的意义

（一）『／』：在数字上每一条斜线代表一杆，表示此杆完成。

（二）『○』：代表该球道已完成攻门，此记号标记于最后杆数数字上，画圈表示结束记录。

（三）『V』：代表因出界或违反规则规定被裁判判罚加杆。

（四）『△』：代表在该球道所设置的五米线（以球门为中心点）以外攻门成功，依规则所定可减记一杆。

三、记杆范例

（1）图 5－1－1 表示 3 杆完成攻门，在 3 上画圈。

（2）图 5－1－2 表示 8 杆完成攻门，在 8 上画圈。

（3）图 5－1－3 表示 8 杆完成攻门，但因为第 8 杆为△减杆，应记 7 杆。

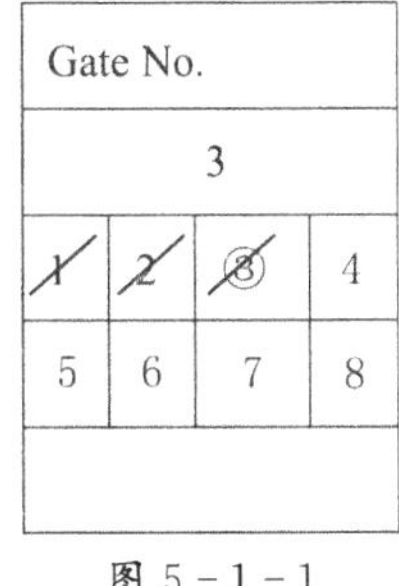

图 5－1－1

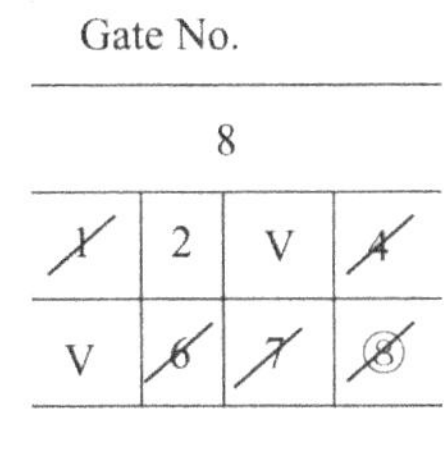

图 5－1－2

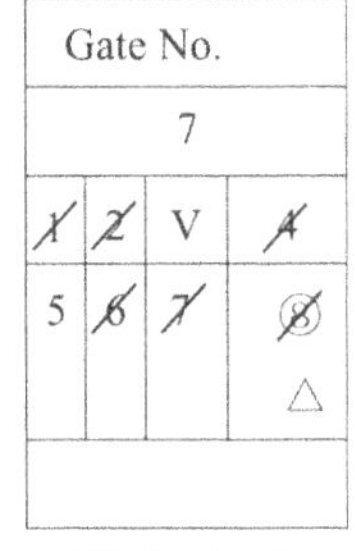

图 5－1－3

第二节　记录表格与设计

记杆表有多种形式，最早的形式是在白纸上用“卌”记录或用“正”字记录。随着记杆表格的逐步改进，在空格上用“卌”记录的方法已被淘汰，现在设计成数字形的表格。

一、个人记杆表

按照木球规则提供的记录表，是至今还保留小格的原始记录方法。如表 5－2－1。

表 5－2－1　原始记录方法

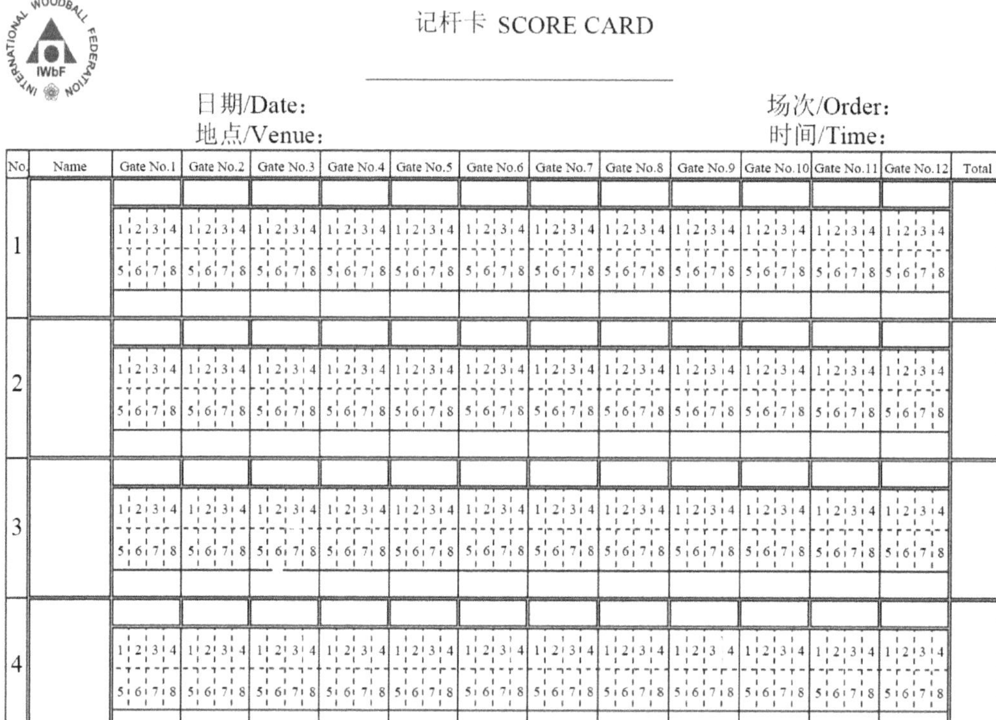

记杆卡 SCORE CARD

日期/Date:　　　　场次/Order:
地点/Venue:　　　　时间/Time:

No.	Name	Gate No.1	Gate No.2	Gate No.3	Gate No.4	Gate No.5	Gate No.6	Gate No.7	Gate No.8	Gate No.9	Gate No.10	Gate No.11	Gate No.12	Total
1		1 2 3 4 5 6 7 8	1 2 3 4 5 6 7 8	1 2 3 4 5 6 7 8	1 2 3 4 5 6 7 8	1 2 3 4 5 6 7 8	1 2 3 4 5 6 7 8	1 2 3 4 5 6 7 8	1 2 3 4 5 6 7 8	1 2 3 4 5 6 7 8	1 2 3 4 5 6 7 8	1 2 3 4 5 6 7 8	1 2 3 4 5 6 7 8	
2		1 2 3 4 5 6 7 8	1 2 3 4 5 6 7 8	1 2 3 4 5 6 7 8	1 2 3 4 5 6 7 8	1 2 3 4 5 6 7 8	1 2 3 4 5 6 7 8	1 2 3 4 5 6 7 8	1 2 3 4 5 6 7 8	1 2 3 4 5 6 7 8	1 2 3 4 5 6 7 8	1 2 3 4 5 6 7 8	1 2 3 4 5 6 7 8	
3		1 2 3 4 5 6 7 8	1 2 3 4 5 6 7 8	1 2 3 4 5 6 7 8	1 2 3 4 5 6 7 8	1 2 3 4 5 6 7 8	1 2 3 4 5 6 7 8	1 2 3 4 5 6 7 8	1 2 3 4 5 6 7 8	1 2 3 4 5 6 7 8	1 2 3 4 5 6 7 8	1 2 3 4 5 6 7 8	1 2 3 4 5 6 7 8	
4		1 2 3 4 5 6 7 8	1 2 3 4 5 6 7 8	1 2 3 4 5 6 7 8	1 2 3 4 5 6 7 8	1 2 3 4 5 6 7 8	1 2 3 4 5 6 7 8	1 2 3 4 5 6 7 8	1 2 3 4 5 6 7 8	1 2 3 4 5 6 7 8	1 2 3 4 5 6 7 8	1 2 3 4 5 6 7 8	1 2 3 4 5 6 7 8	

Player No.1 Signature:　　Player No.2 Signature:　　Player No.3 Signature:　　Player No.4 Signature:

还有一种现代记录方法和原始记录方法合用的表。如表 5－5－2。空格表示逐次的完成杆数，下半空白部分用作 8 杆以后的记录。

此表的优点是如果 8 杆不够记录，可以在空白处再画十几杆，适用于低水平的运动员和无杆数限制的比赛；缺点是不方便统计，易出现累计错误，比赛结束后才能统计 12 道成绩，易延误比赛时间。

表 5-2-2 现代和原始记录方法合用

Gate No.			
13			
1	2	3	4
5	6	7	8
~~||||~~ ○			

二、现代比赛用的记杆表

现代比赛中用的记录表如表 5-2-3。

此表的优点是统计具有实用价值，累计方便，记录结果非常明确，不易出现差错，方便裁判员记录，节省时间，而且运动员随时可以看到自己的累计杆数，便于调整战术；缺点是得采用 12 杆封道，否则无法记录。

表 5-2-3　第四届全国木球锦标赛记杆卡

组别：________　　时间：________　　地点：________

姓名	序号	1	2	3	4	5	6	7	8	9	10	11	12	合计
	1	1 2 3 4 5 6 7 8 9 10 11 12	1 2 3 4 5 6 7 8 9 10 11 12	1 2 3 4 5 6 7 8 9 10 11 12	1 2 3 4 5 6 7 8 9 10 11 12	1 2 3 4 5 6 7 8 9 10 11 12	1 2 3 4 5 6 7 8 9 10 11 12	1 2 3 4 5 6 7 8 9 10 11 12	1 2 3 4 5 6 7 8 9 10 11 12	1 2 3 4 5 6 7 8 9 10 11 12	1 2 3 4 5 6 7 8 9 10 11 12	1 2 3 4 5 6 7 8 9 10 11 12	1 2 3 4 5 6 7 8 9 10 11 12	
	2	1 2 3 4 5 6 7 8 9 10 11 12	1 2 3 4 5 6 7 8 9 10 11 12	1 2 3 4 5 6 7 8 9 10 11 12	1 2 3 4 5 6 7 8 9 10 11 12	1 2 3 4 5 6 7 8 9 10 11 12	1 2 3 4 5 6 7 8 9 10 11 12	1 2 3 4 5 6 7 8 9 10 11 12	1 2 3 4 5 6 7 8 9 10 11 12	1 2 3 4 5 6 7 8 9 10 11 12	1 2 3 4 5 6 7 8 9 10 11 12	1 2 3 4 5 6 7 8 9 10 11 12	1 2 3 4 5 6 7 8 9 10 11 12	
	3	1 2 3 4 5 6 7 8 9 10 11 12	1 2 3 4 5 6 7 8 9 10 11 12	1 2 3 4 5 6 7 8 9 10 11 12	1 2 3 4 5 6 7 8 9 10 11 12	1 2 3 4 5 6 7 8 9 10 11 12	1 2 3 4 5 6 7 8 9 10 11 12	1 2 3 4 5 6 7 8 9 10 11 12	1 2 3 4 5 6 7 8 9 10 11 12	1 2 3 4 5 6 7 8 9 10 11 12	1 2 3 4 5 6 7 8 9 10 11 12	1 2 3 4 5 6 7 8 9 10 11 12	1 2 3 4 5 6 7 8 9 10 11 12	
	4	1 2 3 4 5 6 7 8 9 10 11 12	1 2 3 4 5 6 7 8 9 10 11 12	1 2 3 4 5 6 7 8 9 10 11 12	1 2 3 4 5 6 7 8 9 10 11 12	1 2 3 4 5 6 7 8 9 10 11 12	1 2 3 4 5 6 7 8 9 10 11 12	1 2 3 4 5 6 7 8 9 10 11 12	1 2 3 4 5 6 7 8 9 10 11 12	1 2 3 4 5 6 7 8 9 10 11 12	1 2 3 4 5 6 7 8 9 10 11 12	1 2 3 4 5 6 7 8 9 10 11 12	1 2 3 4 5 6 7 8 9 10 11 12	
	5	1 2 3 4 5 6 7 8 9 10 11 12	1 2 3 4 5 6 7 8 9 10 11 12	1 2 3 4 5 6 7 8 9 10 11 12	1 2 3 4 5 6 7 8 9 10 11 12	1 2 3 4 5 6 7 8 9 10 11 12	1 2 3 4 5 6 7 8 9 10 11 12	1 2 3 4 5 6 7 8 9 10 11 12	1 2 3 4 5 6 7 8 9 10 11 12	1 2 3 4 5 6 7 8 9 10 11 12	1 2 3 4 5 6 7 8 9 10 11 12	1 2 3 4 5 6 7 8 9 10 11 12	1 2 3 4 5 6 7 8 9 10 11 12	

运动员签名　　　　　　　　　　裁判员签名

第三节　成绩公告表

一、个人赛成绩公告表

运动员的成绩公告表由两部分组成，一部分是预赛成绩，另一部分是决赛成绩。先将预赛成绩和名次填写公告表，进行公告，决赛之后再将内容填写进去，这样表格一目了然，既使得观众能看到预赛成绩和决赛成绩，又便于记录裁判员填写。如表 5-3-1。

表 5-3-1　个人赛成绩公告表

单位	运动员	预赛成绩	预赛名次	决赛 12 道成绩												小计	合计	名次
				1	2	3	4	5	6	7	8	9	10	11	12			

二、双人赛成绩公告表

与个人赛成绩公告表相比，双人赛成绩公告表在表格中运动员栏目中加画一条线，同一单位两名运动员，方便检录和记杆数，也可以知道哪个单位哪两位运动员参加，同时去掉预赛内容，最后三栏改为合计、名次和备注。如表 5-3-2。

表 5-3-2 双人赛成绩公告表

单位	运动员	12 道成绩												合计	名次	备注
		1	2	3	4	5	6	7	8	9	10	11	12			

三、 团体成绩公告表

根据参赛队的多少，设计出不同的表格栏目，在醒目的第一、第二栏写单位、运动员名称，在最后两栏写团体成绩及名次。这样看前观后就知道每队成绩，便于进行详细杆数的研究，也可以从球道赛中找出答案。如表 5-3-3。

表 5-3-3 男(女)团体成绩记录总表

单位	运动员	12 道成绩												合计	团体总分	团体名次
		1	2	3	4	5	6	7	8	9	10	11	12			

续 表

单位	运动员	12 道成绩												合计	团体总分	团体名次
		1	2	3	4	5	6	7	8	9	10	11	12			

第六章　木球竞赛的编排与记录公告工作

编排与记录公告工作是木球竞赛必不可少的一个重要组成部分，编排与记录公告工作做好了，木球竞赛工作就完成了三分之一。编排与记录公告分两个主题部分。

第一部分是赛前的比赛日程编排工作。根据比赛的类别和规模，可以赛前几个月编排出每日每单元的日程，通知参赛单位，以便其报名和安排训练工作。教练员根据日程做好周期的训练计划，安排参赛前的报名手续和经费预算、经费筹集事宜，为参赛做好前期各项准备工作。

第二部分是比赛期间的编排与记录公告工作，现在都采用计算机系统处理，自行编排。裁判员将各种竞赛资料输入后，比赛所需材料都会自动生成，时间快，准确率高，既能满足观众和运动员对信息资料的需求，也能通知新闻媒介及时发稿宣传。计算机既解决了编排记录裁判一半的工作，减少了劳动力，又能合理地运用系统进行均衡分组，保证了大会抽签编排的公正。

第一节　编排记录公告的工作任务

一、人员编制

（一）编排记录公告主裁判　1 人

（二）日程编排裁判员　1 人

（三）秩序册编排员　1 人

（四）成绩公告员　1 人

（五）记录员　1 人

（六）计算机系统负责人　1 人

根据比赛的规模大小，编制人员人数可灵活选用，一般大型木球比赛需要 6 人，中型木球比赛需要 4 人，小型木球比赛需要 2～3 人。

二、工作人员的职责

（一）主裁判

负责领导全组的全面工作，负责小组的具体分工及与各裁判组和大会的组织协调工作。

（二）日程编排裁判员

主要负责编排日程及参赛表，确定各单元的比赛分组表，协助编排秩序册。

（三）秩序册编排员

主要负责秩序册的编排及每一天比赛后成绩册的编印工作。

（四）公告员

主要负责校对成绩和公告成绩，协同处理录取名次等工作。

（五）记录员

主要负责填写、核对各项记录表，统计总分及个人名次等各项工作。

（六）计算机系统负责人

主要负责参与赛前编排、赛中成绩处理和赛后成绩册汇编，协助全组裁判负责秩序册的打印及单元成绩册、成绩快报清单、赛后成绩册的编印，保证在竞赛规定的时间内完成各项表格。

三、工作任务

（一）编写竞赛日程表，制作表格

根据木球竞赛规程的规定和比赛的相关材料，编排比赛日程和各种比赛所需表格。

（二）参赛人员的统计

根据木球竞赛规程，掌握报名起止时间，完成报名表及运动员资格审查表，然后根据各参赛队伍的报名情况进行沟通，解决报名中出现的疏漏，规范报名表格，确定报名表无误后，输入计算机，整理出裁判、管理人员、运动员人数统计表，检查无误后，汇编成总秩序册。如表 6－1－1。

表 6－1－1　竞赛人员统计表

编号	学校	男选手	女选手	其他（领队、管理、教练）	合计
1					
2					
3					
4					
5					
6					
7					

续　表

编号	学校	男选手	女选手	其他 （领队、管理、教练）	合计
8					
9					
10					
11					

（三）竞赛分组

报名表确定无误后，按照编排要求，将报名的队输入计算机，依据日程表的有关内容，进行团体赛分组、双人赛分组、个人赛分组（或球道赛分组）。根据竞赛分组的道次和次序，汇编每一单元竞赛分组表，如表 6－1－2，并把每一单元的分组表装入资料袋或装成册，在每一单元比赛开始前半小时交副总裁判长。

表 6－1－2　竞赛分组表

组别		场地	时间			
比赛道次	检录时间	比赛时间	比赛球员			
1						
2						
3						
4						
5						
6						
7						
8						
9						
10						
11						
12						

1. 临场比赛成绩的填写和统计

根据木球临场比赛成绩及时进行数据处理,每一组别的比赛成绩出来以后,计算机操作人员及时将比赛成绩输入计算机,输完后检查核实。

2. 及时公告

核查成绩无误后,交由裁判员填写公告成绩表,并向大会公告,粘贴下一赛次比赛分组表,汇编成绩册,发放给参赛单位及有关部门,使教练员、运动员、新闻记者掌握第一手资料,安排下一轮的比赛并进行新闻报道。

3. 总分统计准确无误

木球比赛中的道次多、项目多、组别多,都是数字,如有疏忽,就可能造成工作失误,颁错奖杯,造成尴尬局面。所以统计成绩时,一人报成绩,一人输入复读,然后再进行反复核查,确认无误再公布。

团体成绩、双人成绩和个人成绩统计时,事先就统计完前一赛次的所有成绩,只要比赛结束就迅速把成绩输入计算机。总成绩出来后,速交总裁判长,准备闭幕式宣布成绩。

(四) 颁奖程序及奖牌准备

1. 颁奖程序

比赛最后一单元,就将颁奖官员名单交主管领导进行审查,通过以后,根据颁奖程序安排有关人员负责组织。通知领导和领奖人员到某一地点集会等待,按照大会组织人员的要求,逐项进行颁奖。颁奖一般是先颁个人,再颁团体,颁奖顺序是从录取名次的后几名依次到季军、亚军、冠军。团体奖也可以全部上台领奖,但颁奖的程序是最后颁最高级别的奖项。

2. 奖杯、奖牌、证书

根据规程要求的奖杯、奖牌、证书找有关单位制做完成,但一定要留有充足的时间,防止运输中奖杯破碎或制作时出现差错,需要有更正的时间。不少单位会出现缺少奖杯、奖牌、证书的现象,这是很正常的事情,但应力争少出现差错。奖杯、奖牌、证书完成以后,首先检查比赛名称、名次、时间是否印制正确,按照颁奖程序摆放好,检查完毕后,交由有关人员保管,保证颁奖圆满完成。

第二节　编排竞赛日程工作

木球竞赛编排比其他项目简单,分为两个阶段。赛前编排的竞赛日程主要是在规程和通知下发前完成,发到各参赛单位,各参赛单位提供选拔队员名单。临赛前编排的竞赛日程，主要是根据各参赛单位的报名表编写秩序册，以便参赛运动员报道时拿到秩序册，及时看到比赛日程及分组表，了解比赛日程的全过程。如有疑问和错误，在领队和教练员会议上进行更改和补充。

一、 赛前工作

根据木球比赛的规格规模，在赛前半年左右向参赛单位发放邀请函、竞赛规程、竞赛日程表，以便参赛单位掌握竞赛日程安排训练，筹集资金，报名参赛和合理安排赛事。

（一）编排组的学习

编排组要认真学习木球的最新规则，精通本次比赛的竞赛规程，重点了解比赛的天数、比赛项目、竞赛办法、竞赛分组。预计比赛人数，了解每单元的比赛时间、场地、器材、裁判水平等有关情况，参考国内外比赛的参赛情况和竞赛日程，这对编写日程具有一定的意义和价值。

（二）编排要求

1. 了解木球比赛的道长、难度以及场地规格，对使用的场地进行实地考察，预计长度和难度以及参赛运动员的年龄、水平，评估后再进行运动员的模拟比赛预演，掌握每组比赛所需要的时间，为编写日程进行分组提供科学依据。

2. 根据规则要求，每一组队员赛完一球道后，另一组队员可以进场击球。所以，在对竞赛日程进行分组时，要考虑每组之间的衔接性，一般每组每道所允许时间以 8～12 分钟为宜；如果比赛难度大，队员年龄大，所需时间更长。编排时一定要充分考虑时间，还有不可抗拒的外来影响，如天气变化等问题。

3. 编排时，按运动员报名的先后顺序，但要考虑每单位参赛人数的多少。虽说是计算机程序编排，但编排时可能还会有失误，有的单位运动员编在同一组，这样就影响了队员学习交流的机会，失去了拼搏竞争的意义。审核竞赛日程分组时，尽量使同一单位的运动员不在同一组别，要进行适当的调整。

4. 根据规则规定，每一球道安排 4～5 人同时进行比赛，每组队员不超过 5 名(非正式比赛可以适当增加 1 名队员)，否则就会延长比赛时间，影响下一组的比赛。

（三）日程及分组的编排方法

比赛编排有多种形式，但不要复杂化，更不要增加额外的劳动力。一般先列出竞赛日程表，然后分组，按照比赛顺序和组别，排列到每单元的赛次里面去，这样才一目了然。竞赛日程表如表 6－2－1。

表 6-2-1　竞赛日程表

时间		活动内容	主持人	地点

二、 赛中工作

日程表中的安排事宜在教练员和领队会上告知，有异议可提出修改意见，要求各参赛队对竞赛日程表作最后的确认。一般出现对竞赛日程影响不大的减少或增加赛次的情况时，应以适当调整为原则。

修订的竞赛日程经技术代表确认后，编排新的竞赛日程表，重新编排每项、每组的检录时间、入场时间、比赛时间，核对无误后，复印发给各有关裁判长和参赛单位。

第三节　编排秩序册工作

秩序册是木球比赛中的通用文件之一，是裁判工作、运动员参赛的依据。随着现代科技水平的提高，目前秩序册做得已经尽善尽美，涵盖了广告及各种指示图表。其好处是能使运动员准确掌握比赛时间和对手情况，又能了解交通状况和比赛现场，更便于裁判员工作，新闻媒介报道，观众观看。

一、 秩序册包含内容

（一）目录

（二）扉页

1. 运动会名称。

2. 主办单位。

3. 批准单位。

4. 承办单位。

5. 赞助单位或祝贺单位。

（三）如重大比赛可安排贺词、照片

（四）组织委员会及各下属委员会(处或组)人员名单

（五）仲裁委员会、裁判员名单

（六）竞赛规程、竞赛须知、补充通知

（七）赛会活动日程安排(如果活动内容不多可以与日程表合二为一)

（八）竞赛日程

（九）代表队名单

（十）运动员名单

（十一）运动会各类人数统计表

（十二）木球场地平面图、场地设计表

（十三）广告

秩序册上可印符合规定的广告。如全国木球锦标赛、冠军赛广告，木球协会常年合约商的广告，等等。

二、 完成时间

秩序册中的各代表队名单、竞赛日程表、各项参赛运动员名单、各代表队参赛人数统计等，应在报名结束后编写，其他内容可提前准备好。秩序册应在裁判员和运动员到赛区报道前印制完成，使每一位参赛者一到赛区就能拿到。

三、 主要工作

（一）审查报名表

根据本次比赛的规程规定，对各参赛队的报名情况进行审查，如发现问题及时向组织委员会报告。

（二）做好各项统计工作

为了给竞赛分组和其他工作提供依据，便于检查，审查报名表后，应做好各单位参加人数、各项参加人数等的统计工作。

（三）编排顺序分组

编排参赛单位的顺序时，国际比赛可按各参赛国国名的英文缩写字头为依据，全国比赛可以按国家规定的行政区域排列顺序或接收报名表的时间顺序为依据。一般来说东道主应排在最后。

总秩序册中的各代表队名单，应按以下格式：

队名：

领队：

管理人员：

教练：

男（女）运动员：

（四）编排各项参赛队名单

为了便于各队确认和进行比赛分组，应编制出各项参赛运动员名单，然后完成秩序册的汇编工作。

（五）编排竞赛分组

收到最终确认表后，将运动员按报名先后顺序进行分组，也可以进行蛇形编排分组。分组后，应检查是否将同一单位的运动员分在同一组，如有此情况，应调整。编排好后应将赛次、组次、道次填写在成绩记录表上。

第四节　比赛中的编排记录公告工作

比赛进程中的编排记录公告工作，要求处理各种信息速度快、准确性高。因此每名裁判分工要明确，职责要清楚。根据工作任务，一般有临场日程编排、比赛成绩公告、记录、总分统计、成绩册汇编等工作。

一、临场日程编排

收到比赛项目的第一轮次成绩表后，应根据录取名单进行分组，确定参加下一轮次运动员的组别道次或顺序。第二轮录取 12 人参加决赛，如第 12 名的成绩相等，应按规则、规定录取。决赛最终录取 6 名。

上述工作完成后，应立即打印 5 份，一份用于宣告，一份用于汇编成绩册，一份交记录组，一份张贴在成绩公告栏，一份留存。

二、比赛成绩公告

比赛成绩公告工作一般由 2～3 人负责，负责人员应熟悉各项比赛的记录表。在比赛进程中，如有计算机参与工作，工作人员只要收到成绩表，就应视其经过有关裁判长签名了。如为人工操作，收到成绩表后，要立即检查是否有有关裁判长的签名。如签名齐全，应视成绩表有效。

上述工作完成后，根据情况打印适当的份数，一份用于宣告，一份用于汇编成绩册，一份张贴在成绩公告栏，一份留存，还应交给统计员一份，对一杆破门成绩进行公告。

三、 记录、总分统计、成绩册汇编

负责记录工作的裁判员，要认真学习竞赛规程，熟悉本次比赛的计分办法，准备好男女个人记杆表、团体总分表、一杆破门统计表。如有计算机参与此项工作，应与计算机操作员复核成绩，检查是否符合竞赛规程的规定，一杆破门是否准确，落实奖金。负责此项工作的裁判员，应随时与计算机输出的结果进行核对。

在比赛进程中，收到决赛成绩表后，应立即填写总分记录表；如有一杆破门，应进行核对。记录表确认无误后，一份用于宣告，一份用于汇编成绩册，一份交总裁判长，一份张贴在成绩公告栏，一份留存。此后，应检查计算机数据库中的记录是否已更新，同时修改好自备记录表。

每天比赛结束后，应与计算机输出的结果进行核对，并将各类统计表复印一份用于汇编成绩册。

第五节　赛后工作

编排记录公告组在比赛结束之后的任务，仍然是十分繁重的，也是非常重要的。它关系着对本次比赛成绩的记录，关系着对本次比赛进行对比、分析和评估的依据，关系着教练员、进行分析研究所需数据的准确性等。因此，必须重视做好赛后的各项工作。

一、 汇编成绩册并及时印发

成绩册格式如下：

（一）扉页或首页应写明内容

1. 运动会名称。

2. 主办单位。

3. 批准单位或承办单位。

4. 赞助单位或祝贺单位(如有可印上)。

（二）团体总分统计、一杆破门运动员名单、个人成绩统计表

（三）比赛成绩

1. 先男后女，按竞赛规程上排列的项目顺序排列各项成绩。

2. 按预赛各组成绩、第一轮成绩、第二轮成绩、决赛名次分别排列。

（四）广告

成绩册汇编成后，送交有关负责人审签后印刷与分发。

二、 分类整理

将本组的所有文件、资料按照文书档案的要求进行分类整理，立卷编号，交主办单位存档，便于今后查阅。

三、 工作总结

表扬优秀队员事迹，总结经验教训，最后写出书面总结材料交总裁判长。书面总结的内容，一般应包括工作成绩与经验、存在问题、改进意见或建议。

四、 总结会

进行总结与表彰。

第七章　木球规则剖析

第一节　木球规则演变史

木球规则的形成是木球爱好者和发明者集体智慧的结晶，最初是以小册子形式装订成册。随着木球运动的开展和推广，人们越来越认识到木球规则的重要性和必要性。为了使竞赛不断规范化，规则不断得到补充和修订，更具有科学性、实用性，最终成为木球运动的纲领性文件。

笔者最早见到的木球规则，是张宝盛先生1993年撰写的。他感到木球有推广和发展的价值和必要性，于是撰写了规则和技术图解，以他丰富的教学经验，给想了解这项运动的人提供学习木球技术及规则的机会。

张宝盛先生的作品，已扎根在每一位读者的心里，也获得了学者和专家的公认好评。笔者从他的作品中获得了木球运动的先进思想，他的规则图解至今还有一定的指导意义。

原始的木球规则里简单介绍了球具与场地、比赛、罚则，三大部分充分体现了规则的主体思想。现代规则至今保留了原始木球规则的精华。

2001年2月21日，国际木球总会制定了第一本木球规则。规则第一部分把场地规划、场地规格、参赛队伍、球道使用、裁判职责、比赛制度进行了规范化，对球场、球道进行了明文规定，使比赛有了一定的依据。规则第二部分首次对发球犯规及罚则、击球犯规及罚则、比赛时犯规及罚则、球门区犯规及罚则等进行了系统的分类，使比赛规则的查阅更加快捷，更有使用的价值。

2006年8月21日，国际木球总会对规则进行了修订，两个版本间隔五年。五年中，该运动积累了宝贵的经验。该版本中，规则更加完善，对木球运动的起源叙述得比较详细，规则用词比较严谨，条文也更加规范，使用起来更加方便，减少了不必要的争议。为了增加比赛的时间，球道增加到12道(或其倍数)；为了满足比赛的需要，比赛球道的总长度由500米以上改成700米以上，球道的最窄处由2米变成3米、最宽处由20米变成10米，短道长度由20米变成35米，中道长度由65米变成50～80米，长道长度由100米以下变成100～130米，球门的1米后冲区变成2米。这次的版本主要在球道方面修订得比较多。

2008年11月30日修订的规则主要是对比赛击球和球道使用方面进行严谨的论述。如2007年规则规定可以在球门后侧面将球击过,2008年规则规定必须从门前面将球击过去。以下几个问题一些裁判员至今仍会在实际中做出错误的判罚,关键在于没有理解规则的条文。

问题一:第一杆的球是否能移动?

规则第八章第三条明文规定,比赛时,凡有可能妨碍进行路线的球,可要求先打或拾起,但须经裁判员同意后执行。也就是说不管是第一杆还是其他杆,只要有影响后面运动员击球路线的球,运动员提出要求后均可移动,并不是不可移动的。

问题二:运动员的脚能否触及球?

规则第八章第八条规定,比赛时,球员身体任何一部分或其所持球具碰触自己或他人所打的比赛球,罚计一杆,而球的停止点为新球位。关键是触及自己或他人所打的比赛球。在比赛进行中球道里的球是不能触及的,如果打球出界后用身体任何部分或球杆挡住球都不犯规,因为不在比赛的范围之内。

问题三:对十秒钟的规则如何理解?

规则写到按照击球顺序,球员不得有拖延行为,应在十秒钟内完成击球,违者警告,再犯罚杆。裁判点到某运动员击球时,看他是否有意拖延、是否进入比赛状态。如果裁判点名后,他走到击球点观看球的路线和瞄球或挥空杆,实质上他已进入比赛状态,不能计入十秒钟之内;如果有其他有意拖延的行为,裁判可以提出警告,再犯判罚。

2011年10月11日,进行了第五版的修改。

2016年10月30日,进行了第六版的修改。

通过规则的演变,可以看出它只是一个纲领性文件和条文。规则并不是全面详细的,不可能详细地论述比赛中的所有情况,关键在于学习规则的过程中,裁判长和裁判员的理解和感悟,并在比赛中根据临场情况做出判断。

第二节　球队、裁判员职责

一、球队

(一)球队成员由领队、教练、管理、队长、队员组成。

(二)每队球员可报名四至八人(含队长),四至六人出赛,取最佳四人计算团队成绩。

（三）球员未经报名注册不得参加比赛。团体赛中的球员宜穿着同款式运动服装参加比赛，个人赛中的球员以穿着运动休闲服装为原则，比赛时球员不可穿高跟鞋或不适宜运动的服装。球员出场比赛时应携带大会颁发的球员证，以备资格查验。

二、裁判员职责

（一）裁判长

1. 了解大会竞赛办法和比赛方式。

2. 分配裁判员工作及传达注意事项。

3. 督导裁判员执行比赛的情况。

4. 协助解决裁判员执行时所发生的问题。

5. 核对决赛成绩。

6. 如有申诉或抗议事件，得请求召开审判委员会会议，并向委员会报告事情经过。

7. 必要时于赛前向球员宣布裁判规则及注意事项。

（二）裁判员

1. 核对比赛球员名单及检查球具。

2. 宣告每一个球道比赛开始及球员打击顺序。

3. 宣告每一球道比赛结束及参赛球员的击球杆数。

4. 带领比赛球员依球道序号完成比赛。

5. 对比赛中违例、犯规等事件进行处理，此时需宣告暂停，处理后再继续比赛。

6. 记录球员击球杆数和违规行为。

7. 核对比赛结果以及要求球员签名确认。

8. 裁判员在球场上移动或前进，不能影响球员击球。

9. 裁判员在球场上伫立的位置，以能看清球员击球及球体前进路线为佳。

（三）司线员

比赛须设置司线员，以辅助裁判员判定比赛球是否出界或球出界点位置。

第三节　比赛犯规及判罚

一、发球犯规及罚则

（一）裁判员做出打击手势，球员就位后，应在十秒钟内完成击球动作，违者警告，再犯时，罚计一杆。

（二）发球时，球员应将球置于发球线上或发球区地面上，从静止状态开始击球，违者罚计一杆，重新发球，计第二杆。

（三）发球后，球未能离开发球区应计一杆，再重新发球，计第二杆。

剖析：

1. 发球犯规及罚则第二条规定：发球时，球员应将球置于发球线上或发球区地面上，从静止状态开始击球。假如某一运动员用脚将球踢到发球线或后面的发球区，是否犯规？规则中只是该将球置于发球线上，并没有说必须是用手，也没有说不可以用脚。往往有一些球员习惯用脚将球踢到发球线上，只要他们符合从静止状态开始击球，就不算犯规，裁判员不能判罚犯规。如果从礼貌和文明的角度去要求不能用脚踢球，那要在规程和补充通知中写明，裁判提醒或警告球员注意个人修养和行为礼节，不要踢球，就可以了。

2. 发球犯规第二条：发球时，反复置球。有时一些球员心里紧张，置球不理想，反复置球，如没有有意延误时间，裁判员可以提醒球员，语气要温和。如有意拖延时间，则可以按十秒条款判罚。

二、击球犯规及罚则

（一）每次击球时，以球杆置于球体后方的静止状态开始挥杆打击。不可在行走中击球，违者罚计一杆，并从新球位击下一杆。

（二）击球时，如挥空杆或击球前预备挥杆练习（不得碰触球体），均不予计杆，但不得一直练习拖延比赛，违者警告，再犯时罚计一杆。

（三）轮到击球时，球员不得有拖延行为，应在十秒钟内完成击球，违者警告，再犯时罚计一杆。

（四）球员击球时，前方球道上禁止有人穿越、走动。如球员犯规，该犯规球员罚计一杆。

（五）球员击球时，其他球员不得喊叫或有不当言行影响打击，违者罚计一杆。

（六）击球时，因挥杆而碰触球体或使球体移动，即算一次击球，计一杆。

（七）击球时须以球瓶碰击球体，瓶头、瓶底均可。禁止以球瓶侧面或以握杆击球，违者罚计一杆，并从新球位击下一杆。

（八）禁止以球杆做持球推送动作，违者罚计一杆，并从新球位击下一杆。

（九）滚动中的球不可连击，违者罚计一杆，并从新球位击下一杆。

（十）攻门或击球时禁止以手握触球瓶打击，违者罚计一杆。若击球过门了则不算，从新球位重新击球。

剖析：

1. 击球时，其他球员不得喊叫或有不当言行影响打击，违者罚计一杆。根据规则要求，有些球员无意识的喊叫或不当言行不应属于此条文规定的范围，裁判员要制止有意识的影响，若不听劝阻，要按规则执行。

2. 根据击球犯规第八条，禁止以球杆做持球推送动作，违者罚计一杆，并从新球位击下一杆。在比赛中，经常遇到推杆、送杆动作的判罚不清，把握尺度不准，误判球员一杆。下面对此进行详解：

（1）推杆动作的判定：

①击球后，球杆头接触球体有滞留时间，不是瞬间推出。

②击球后，球杆头小头改变方向或整个球杆头改变击球方向。

（2）送杆动作的判定：

①送球时有跟进的缓慢动作。

②送球动作有滞留。

③送球动作使球在球杆头处滞留时间过长。

3. 快速击球送杆不能判罚犯规，这在比赛中经常出现，需要裁判长讲清楚，以便裁判员执行时掌握判罚的尺度。

4. 击球时，因挥杆而碰触球体使球体移动，算一次击球，违者罚计一杆。

5. 根据击球犯规第六条规定，球杆触及球体使球移动算犯规。比赛中瞄球时常常会因为地面长草或球体不稳而造成球滚动，这不应该判为犯规，应把移动的球放回原位，重新瞄球和击球。

三、比赛时犯规及罚则

（一）球道上的比赛球，距球门远的先击球或经裁判员指示击球。不可任意击球，违者罚计一杆，并从新球位击下一杆。

（二）球道上的比赛球，因击球落在球道界线外地面上而球体未接触界线的，以界外球论，均须罚计一杆。

（三）比赛时，凡有可能妨碍行进路线的球，球员都可要求先打或拾起，而拾起前应在紧邻球体正后方的球道上进行标记。拾球须经裁判员同意，违者罚计一杆。

（四）比赛球如碰撞到作为界线的障碍物再弹回到球道上的，不以出界论；如碰撞到界线外的障碍物，即以出界论，并按界外球处理。

（五）在各种弯曲式球道上比赛时，球体必须在球道上，不可以用截弯取直的方式击球飞越界外区，违者以界外球论。

（六）球道上的比赛球，因击球而碰撞时：

1. 被他人击中的球，未出界的，以新球位为准；如球过门，即算完成该球道比赛；如球出界，以界外球处理，但不罚杆。

2. 打击者的球因碰撞而出界，以界外球处理，罚计一杆。

3. 打击者球因碰撞后仍留在球道上，即以新球位为准。

（七）比赛进行过程中，球员、教练或相关人员如违反运动员精神，裁判员可警告并要求改正，同时罚计一杆；再犯时，则取消比赛资格。

（八）比赛球员身体任何一部分或其所持球具碰触自己或他人所打的比赛球或球门时，罚计一杆，而球的停止点为新球位。

（九）比赛球员未依规定挥杆打击或由双腿胯下击球时，罚计一杆，并从新球位击下一杆（过门不算）。

（十）比赛中球员如需更换球具，球具须经大会检查合格后才可使用。比赛球则得赛完一球道后才可更换（如球损坏不受此限），违者取消比赛资格。

剖析：

1. 未触及界线算不算出界？

根据比赛时犯规条文的第二条，球体落在界线外未触及界线时，以界外论，每次界外球均加计一杆。

案例：

在2008年（中国）国际木球公开赛中，一个球的垂直面压在界线上，从投影看在线上，从侧下面看球体没有压线。这球很明显是出界，因为规则规定球体未触及界线时，以界外论处。结果引起了裁判员的一场争论，有裁判认为压线或触及界线是好球，不算出界。

2. 比赛时第一杆能否放置标志物？

规则第三条规定：凡有可能妨碍行进路线的球，球员都可要求先打或做标记拾起。例如，有一场比赛中，裁判只准一杆破门时拿起其他球，第一道不准放置记号，这是错误的。运动员在任何一道均可要求裁判将第一杆妨碍自己球运行的球设置记号。

3. 比赛时碰到当界线的障碍物弹回球道上球算不算出界？

规则第四条规定：障碍物作为界线的不算犯规。

案例1：

在第四届全国木球锦标赛上，有一球触及界线外的树，但这棵树与界线不足一个球体，是否算出界？

这个球算出界。因为球大部分已经出界，按惯性向前有一定的滚动距离，如果没有妨碍物肯定出界。这就对场地规划提出要求，界外障碍物一定要有一个球体以上的距离，以免引起不必要的争议。

案例 2：

2006 年在泰国第二届世界大学木球锦标赛上，球触及角旗弹回球道，这是否算出界？因为这个角旗在界线外一厘米处，球体触及角旗的中心和大部分球体在线内，不算出界。引起争论的主要原因是角旗在界线外，这就要求在放置角旗时，一定要有一球以上的距离。

案例 3：

2009 年在印尼第六届亚洲杯木球锦标赛上，球滚到角旗附近，运动员要求将角旗拿掉，是否可以？角旗只是一个指示物，指引运动员在什么地方该转弯了。如果运动员在角旗的引导下完成了一轮击球，在第二轮击球时有影响，那可以拿掉，因为角旗的使命已完成，也就是一个比赛片断已经结束。

4. 球碰进门或出界的判断。

根据规则第六条的论述，击球球员将别人的球击出界，被击中的球不算出界，只是在出界的落点处丈量两个球瓶的距离击球。如果将其他人的球击进球门，算被击球球员完成攻门。关键是计杆方法，如果对方第四杆停留在球门附近，被击进球门，应记杆第四杆完成，不应记第五杆完成，因为他自己没有击球。

案例 1：

有意地将队友的球击到有利的位置，是否算犯规？规则没有明文规定，用自己的球撞击队友的球到有利位置不应判犯规，因为撞击也造成了自己多一杆，而如果撞击不到位，双方都多了两杆。

案例 2：

比赛时球员身体任何一部分或其所持球具碰触自己或他人所打的比赛球时，罚一杆。2010 年 XX 赛第二届大学生木球锦标赛上，某一球员击球出界，球在界外滚动，从其他队球员面前滚过，该球员用脚将其挡住，裁判将其判为犯规是错误的。因为击球球员的球出界已被司线员判定，也就是比赛片断已结束，挡球是防止球滚得更远，减少比赛时间，不能判该球员犯规。

5. 规则第九条规定，未按规定挥杆打击或双腿胯下击球时罚计一杆。比赛中，大部分球员和裁判员对此概念不清楚，导致裁判员判罚有误。球体必须在左、右脚尖前方（不能在内侧作为判断标准）或外侧，不准在两脚或两腿中间击球，否则为罚杆。

6. 规则第七条规定，比赛进行过程中，球员违反运动员精神，裁判员可警告并要求改正，同时罚一杆。

该条文针对性不强，内容含糊不清。运动员精神是什么？警告跟罚杆两者词意是有区别的，建议修订时，明确内容或删掉此条文。

四、 球门区犯规及罚则

（一）球门区内的比赛球，球道赛时距离球门远的先打，杆数赛时距离球门近的先打，违者罚计一杆。若击球过门则不算，并从新球位击下一杆。

（二）球员不可故意破坏球门，违者警告，并罚计一杆，再犯者取消比赛资格。

（三）球员攻门时，球杆碰触球门者，罚计一杆。如过门成功，视同完成该球道比赛。

剖析：

案例 1：

某组运动员在离球门区距离相等的位置上，裁判员要求其中一运动员击球，该运动员要求裁判员让对方先击球，裁判员同意，但另一运动员不同意，让裁判员事先指定的运动员击球。裁判员无奈，无法判定。裁判员判定的击球顺序确定以后，不要受运动员的干扰，要坚持自己的判断，以免给自己工作造成麻烦。

案例 2：

关于球门球的处理，如球过门中心线，球瓶搭在球体上，按 2007 年的规则可以从球门后方或侧面击球，而 2008 年规则规定击球必须从击球同一方向完成击球。

第四节　沙滩木球场地及比赛

一、 沙滩木球场地通则

（一）沙滩木球场地应设在广阔平坦的沙滩上，并规划比赛球道。

（二）沙滩木球场地可利用自然物作为球道障碍物或界线，如树木、树桩、挡墙等。

（三）球道外可视地形设置参观区。

（四）沙滩木球比赛场地应设有平面配置图，标示球道地形及全景。

二、 沙滩木球场地规格与要求

（一）沙滩木球场地规划为 6 条球道(或其倍数)。

（二）沙滩木球场根据面积大小，规划不同长度的球道：35 米以下为短道（标准杆：3），36～55 米为中道（标准杆：1），56～80 米为长道（标准杆：5）。

（三）沙滩木球场地 6 道总长度为 300 米以上。

（四）球道宽度根据地形规划，最宽处不大于 6 米，最窄处不小于 3 米，其中长道宽度大于 4 米。

（五）球道长度测量方法：从发球线中心点沿球道中央到球门中心点，为球道的实际距离。

（六）6 条球道中，至少有 2 条弯道，其中 1 条左弯道、1 条右弯道。每条弯道以一个转弯点为限，转弯点至球门中心的距离不得超过 5 米。

（七）6 条球道中，至少有 1 条短道、1 条长道。

（八）每一道的起点应该设一横线作为发球线，线长 1.5 米，横线两端向后划 2 米，组成的长方形范围为发球区。

（九）球道上可设简单障碍物以及临时界线，球道界线为直径 1.5 厘米的白色或黄色圆绳。

（十）每一道的终点应设有以球门为中心、直径 3 米的圆形球门区（球门两侧若有地形影响可以不受直径 3 米的限制），球门区后方距球道线应有 1 米以上的缓冲地区。

（十一）球门设在球门区的中心点上，球门可以朝任何方向。

（十二）球道上每 20 米放置蓝色边线旗，弯道转角放置黄色转弯旗，球门区放置白色球门区旗，球门后方球道放置红色底线旗。黄色转弯旗置于线上，其余旗放置于界线外一个球距以上的位置。

（十三）发球区及球门区沙面平坦无障碍。

（十四）球道沙面以平坦为原则，应定期保养，在赛前将沙面整平。

（十五）如受天气和地形影响，主办单位可酌情规定适用规则，但不能违反规则原有精神。

三、球道使用

（一）每一球道若未完成一组比赛，后一组球员在不影响前一组比赛的情况下，可以进场击球。

（二）每一球道以四至五人同时进行比赛为宜。

（三）比赛进行过程中，除比赛球员、裁判员外，禁止其他人员进入球道内。

（四）球员击球时，其他球员应退至 3 米外的安全位置。

（五）球道上的沙面若因击球而凹陷，击球后应立即铺平（或踩平）。

（六）球员在击球前不得整理球前方或后方的球道。

（七）球道上设置的障碍物，不可任意移动。

（八）如因刮风、下雨等天气因素，树枝、树叶、废弃物等物体掉落在球道上，球员可以请求清除。

四、比赛结果

（一）每位球员必须有每一球道的比赛杆数，以及赛完 6 个球道（或其倍数）的总杆数记录，否则不予核算成绩。

（二）胜负判定

1. 杆数赛

(1)以每位球员赛完每一场 6 个球道（或其倍数）的总杆数判定胜负，杆数少者为胜。若总杆数相同，以最后 6 个球道杆数少的球道多者为胜，依此类推；或按大会指定方法判定。

(2)团体胜负判定，以该团队成绩最佳 4 人总杆数之和少者为胜。若总杆数相同，以该队个人总杆数少者为胜，依此类推；若情况完全相同，则按大会指定方法判定之。

2. 球道赛

每一场球赛中获胜球道多者为胜，若相同，则由大会指定球道加赛至分出胜负为止。

五、比赛通则

（一）比赛开始

1. 当裁判员宣布比赛开始时，球员应依编配或抽签顺序开始发球比赛。

2. 当裁判员宣布比赛开始后，参赛者如迟到五分钟或拒绝参赛，则取消比赛资格。

3. 当球员进入发球区发球时，其他球员应退至发球区后方。

4. 发球时应将球放置于发球区内，并向球门方向发球。

（二）比赛中

1. 比赛时，比赛球穿过球门金属棒，并位于球杯后方，球体不再接触球杯，即为完成一球道比赛。如比赛球未能过门成功且与球杯仍有接触，该球员直接加计一杆并视为完成比赛，以维持该球门于比赛时的稳固。

过门判定补充说明：

若球通过球门且离开球杯后又滚回来接触球杯，有裁判员/司线员目击即判定过门成功，无裁判员/司线员目击时以同组多数球员看到即判定过门，球员间如有争议以球体静止点为判决依据。

2. 比赛中球体落在界线外地面上，即为界外球。

界外球判定补充说明：

若球离开界线后又滚回来接触界线，有裁判员/司线员目击即判定界外球，无裁判员/司线员目击时以同组多数球员看到即判定界外球，球员间如有争议以球体静止点为判决依据。

3. 产生界外球后，尚未轮到击球的，需先将球拾回并置于出界点线外一个球距离以外的位置，待轮到时再将球置于以出界点为中心、两个杆瓶长度为半径的球道上击球，并加计一杆。

4. 比赛球如果掉落或进入坑洞、水塘等障碍内，无法击打，移出后要以障碍物掉落点为中心，左右移动或向后延伸在球道上确定新球位，并加计一杆。球在球门区外陷入沙里超过球体三分之一以上时，得将球拾起放置在以陷埋点为中心、一个球瓶长度为半径的球道上击球，并不罚杆。

5. 比赛中，球员挥杆时其他球员应退至其后方三米以外的安全位置。

6. 球门前方或后方、球道上的球均可直接攻门。

7. 比赛中如遇不可抗拒的天气变化，是否继续进行比赛由大会宣布。

8. 完成一球道比赛后，再进行下一球道比赛，类推至全部球道赛完为止。

9. 下一球道的发球顺序，依照编配号码的顺序。

10. 球员击球时，如在击中球的同时球杆断裂，这仍视为完成一次击球，不可要求重新击球。

11. 比赛球被不同球道的球撞击，新停球点为其球位；如球被撞击出界，以界外球处理，但不用罚杆。

12. 球员身体任何一部分或球具不得触及自己或他人的比赛球及球门。

13. 攻门或击球时，手握球杆，不得握触球瓶。

14. 击球时，球杆不得由双腿胯下击球或攻门。

15. 每一球道距离球门 5 米，如设有标志线，从线外直接攻门完成过门，则该球道杆数减一杆。

16. 中、长球道中如设有 20 米超过线，球员发球若未超越此线则加计一杆；若 20 米内出界或超越此线后球再出界，以界外球处理。

17. 球从发球区打击至球道后，球员必须走球道外的缓冲区至球停处，以最短距离进入球道击球，击球完成后将球道上凹陷的沙坑填平，然后以原路径离开球道。

18. 球进入球门区后，球员依球门区击球顺序击球，击球后以最短距离离开球门区。

第五节　沙滩木球比赛犯规及判罚

一、发球犯规及罚则

（一）裁判员做出打击手势，球员就位后，应在十秒钟内完成击球动作，违者警告，再犯时罚计一杆。

（二）发球时，球员应将球置于发球线上或发球区地面上，从静止状态开始击球，违者罚计一杆，重新发球，计第二杆。

（三）发球后，球未能离开发球区应计一杆，再重新发球，计第二杆。

二、击球犯规及罚则

（一）每次击球时，以球杆置于球体后方的静止状态开始挥杆打击。不可在行走中击球，违者罚计一杆，并从新球位击下一杆。

（二）击球时，如挥空杆或击球前预备挥杆练习（不得碰触球体），均不予计杆，但不得一直练习拖延比赛，违者警告，再犯时罚计一杆。

（三）轮到击球时，球员不得有拖延行为，应在十秒钟内完成击球，违者警告，再犯时罚计一杆。

（四）球员击球时，前方球道上禁止有人穿越、走动。如球员犯规，该犯规球员罚计一杆。

（五）球员击球时，其他球员不得喊叫或有不当言行影响打击，违者罚计一杆。

（六）击球时，因挥杆而碰触球体或使球体移动，即算一次击球，计一杆。

（七）击球时须以球瓶碰击球体，瓶头、瓶底均可。禁止以球瓶侧面或以握杆击球，违者罚计一杆，并从新球位击下一杆。

（八）禁止以球杆做持球推送动作，违者罚计一杆，并从新球位击下一杆。

（九）滚动中的球不可连击，违者罚计一杆，并从新球位击下一杆。

（十）攻门或击球时禁止以手握触球瓶打击，违者罚计一杆。若击球过门了则不算，从新球位重新击球。

三、比赛时犯规及罚则

（一）球道上的比赛球，距球门远的先击球或经裁判员指示击球。不可任意击球，违者罚计一杆，并从新球位击下一杆。

（二）球道上的比赛球，因击球落在球道界线外地面上球体未接触界线的，以界外球论，须罚计一杆。

（三）比赛时，凡有可能妨碍行进路线的球，球员都可要求拾起，而拾起前应在紧邻球体正后方的球道上进行标记。拾球须经裁判员同意，违者罚计一杆。

（四）比赛球如碰撞到作为界线的障碍物再弹回在球道上的，不以出界论；如碰撞到界线外的障碍物，即以出界论，并按界外球处理。

（五）在各种弯曲式球道上比赛时，球体必须在球道上，不可以用截弯取直的方式击球飞越界外区，违者以界外球论。

（六）球道上的比赛球，因击球而碰撞时：

1. 被他人击中的球，未出界的，以新球位为准；如球过门，即算完成该球道比赛；如球出界，以界外球处理，但不罚杆。

2. 打击者的球因碰撞而出界，以界外球处理，罚计一杆。

3. 打击者的球在碰撞后仍留在球道上，即以新球位为准。

（七）比赛进行过程中，球员、教练或相关人员如违反运动员精神，警告并要求改善，同时罚计一杆；再犯时，则取消比赛资格。

（八）比赛球员身体任何一部分或其所持球具碰触自己或他人所打的比赛球或球门时，罚计一杆，而球的停止点为新球位。

（九）比赛球员未依规定挥杆打击或由双腿胯下击球时，罚计一杆，并从新球位击下一杆（过门不算）。

（十）比赛中球员如需更换球具，球具须经大会检查合格后才可使用。比赛球则须赛完一球道后（如球损坏时不受此限），违者取消比赛资格。

四、 球门区犯规及罚则

（一）球门区内的比赛球，球道赛时距离球门远的先打，杆数赛时距离球门近的先打，违者罚计一杆。若击球过门则不算，并从新球位击下一杆。

（二）球员不可故意破坏球门，违者警告，并罚计一杆，再犯者取消比赛资格。

（三）球员攻门时，球杆碰触球门者，罚计一杆。如过门成功，视同完成该球道比赛。

第六节　木球术语及裁判手势

一、木球术语

表 7-6-1　木球术语

场地	COURSE	擦拭球	CLEANING THE BALL
球门	GATE	障碍物	OBSTACLE
球	BALL	移动球	MOVING THE BALL
球杆	MALLET	停止	STOPPED
球杆头	MALLET HEAD	暂停	TIME OUT
球道	FAIRWAY	打击顺序	ORDER OF PLAYING
发球	FIRST SHOT	界外球	OUT OF BOUNDS
打击	HITTING	标准杆	PAR
触击	TOUCH	发球线	STARTING LINE
继续打击	DOUBLE CONTACT	发球区	STARTING AREA
球门区	GATE AREA	5 米线	5 METERS FOR ATTACKING LINE
捡球	PICK UP	30 米线	30 METERS FOR PASSING LINE

二、裁判手势

（一）比赛开始

手臂伸直向前下斜 45 度，手掌张开，手指并拢指向发球线，反复喊出“比赛开始”。如图 7-6-1。

（二）打击

手臂前伸与肩同高，掌心朝下以食指指向打击者与球门方向做水平摆动。如图 7-6-2。

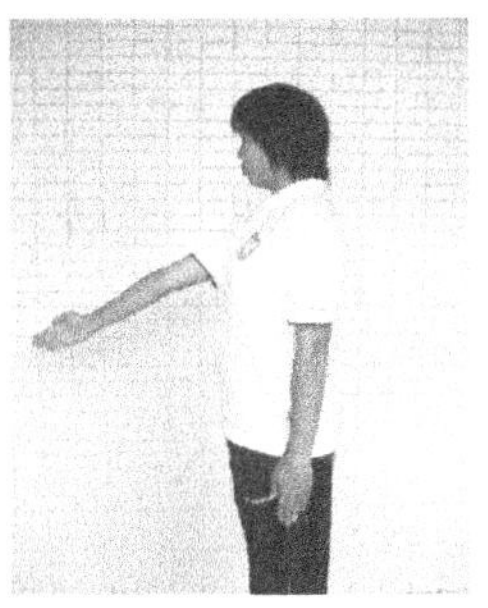

图 7-6-1　比赛开始手势

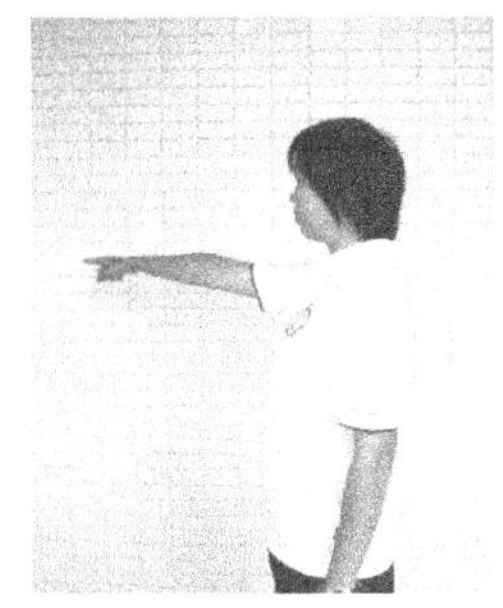

图 7-6-2　打击手势

（三）球出界

握拳竖起大拇指，手臂微弯由体前方上摆过肩至头后方，并做多次摆动，表示球已出界。如图 7－6－3。

（四）犯规

手臂靠耳向上伸直，并面向打击者。如图 7－6－4。

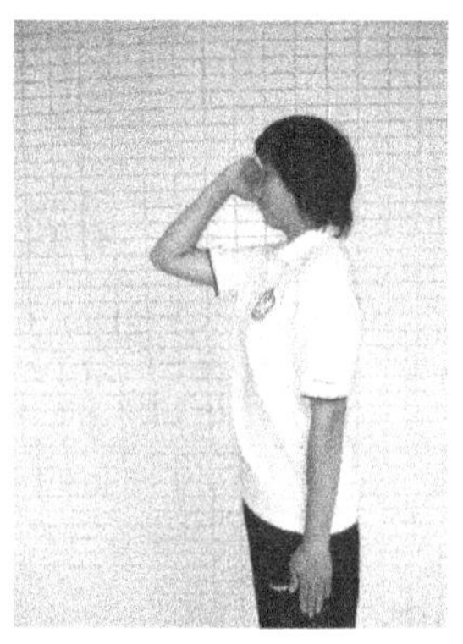

图 7－6－3　球出界手势

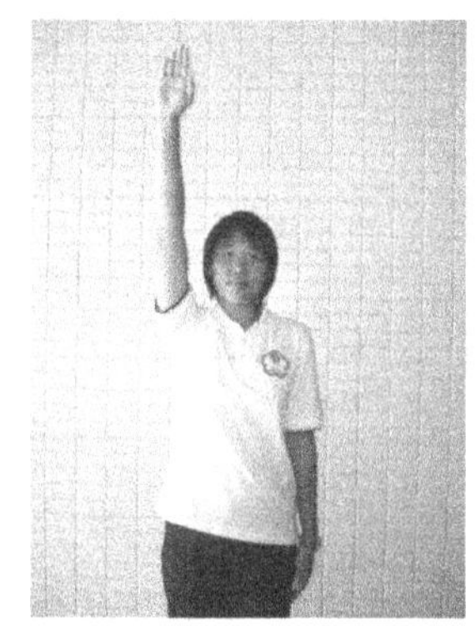

图 7－6－4　犯规手势

（五）暂停

双手掌在胸前做“T”字形，以示暂停。如图 7－6－5。

（六）过门

手臂伸直竖起大拇指指向打击者，以示成功完成击球过门。如图 7－6－6。

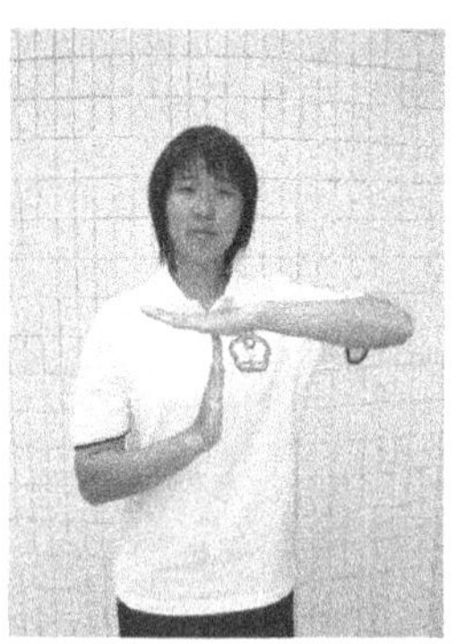

图 7－6－5　暂停手势

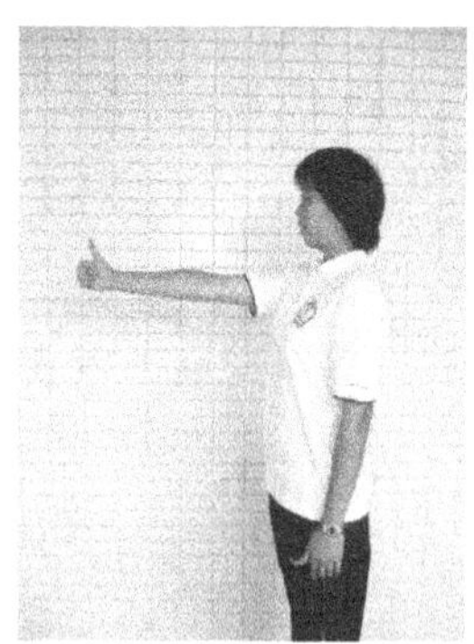

图 7－6－6　过门手势

第三篇

教学篇

第八章　木球特色项目与体育教学

教学指导及放松活动

第一节　我国开展木球运动的可行性

一、我国开展木球运动的现状及意义

木球运动是在绿地、沙滩上都可以进行的体育项目，技术动作简单易学，老少皆宜，趣味性强，令参与者爱不释手。木球运动于 1990 年由翁明辉先生研发，历时十年，先后成立了国际木球总会、亚洲木球总会及欧洲木球联盟。在亚洲木球总会的组织下，第一届亚洲杯木球锦标赛于 1999 年 8 月在马来西亚举办。同年 11 月 23 日，在科威特召开的亚洲奥林匹克理事会代表大会上，木球运动获得亚奥理事会的正式承认，由此成为亚运会办理候选项目，具备日后成为亚运会正式项目的资格，并在 2008 年巴厘岛首届亚洲沙滩运动会中被列为正式竞赛项目之一。此外，在国际木球总会秘书长黄振兴教授的积极努力下，2002 年 1 月国际大学运动总会通过由中国台湾大专院校体育总会于 2004 年举办第一届世界大学木球锦标赛的申请案。2004 年第一届世界杯木球锦标赛则在国际木球总会成立 5 年后由中国台北木球协会承办。

我国在沈阳、宁波等地举办了国际木球公开赛及锦标赛。1998 年沈阳市举办亚洲体育节木球比赛。1999 年宁波市主办金健杯木球锦标赛。2002 年沈阳市举办亚洲城市杯木球邀请赛。2006 年宁波市举办中国国际木球公开赛。在宁波举行的中国国际木球公开赛中，中国木球生产基地提供了赞助经费近 30 万元的赞助费和 2 辆轿车。

宁波城市职业技术学院 2006 年 9 月参加第二届世界大学木球锦标赛，获得男子团体第四名；2007 年参加第一届海峡两岸大专院校邀请赛，获得乙组男、女团体冠军，甲组女子团体第三名，男子团体第五名，男子二人一球赛亚军，女子二人一球赛亚军，男女混合一球赛第三名，女子个人第四名，男子个人第五名，二人一杆破门奖；2009 年参加第六届亚洲大学木球锦标赛，获女子团体冠军，男子团体亚军；2005 年参加第四届亚洲杯木球锦标赛，获男子团体第四名，女子团体第四名。宁波城市职业技术学院承办了第四届全国木球锦标赛，有 30 队参加，运动员达 300 多名。木球已在全国广泛开展，2008 年国家体育总局已把它列为正式比赛项目，属于大项。宁波城市职业技术学院与浙江外国语学院联合组队参加了 2010 年世界杯木球锦标赛并获女子团体第四名，宁波城市职业技术学院男队在这次比赛中获男子团体第六名。

开展木球运动项目，有庞大的人口基础，木球有望成为我国新兴的体育休闲项目。2004年国际木球运动科学技术研讨会在中国台北护理学院举行，从报告的内容来看，有关木球运动的生理学、心理学、经销学、力学的专业知识均涵盖了木球运动的基础。当今世界休闲运动的发展趋势，必然跟推广、培训、竞赛和理论研究挂钩，木球运动的竞赛是形象工程，培训教练员、裁判员、技术人员是木球发展的催化剂，自主开发木球市场、开办俱乐部是木球发展壮大的生命线。任何运动项目的发展都需要有一个过程，从我国木球的发展来看，主要问题是缺少理论研究，如果从理论和推广发展的角度深入研究木球，木球运动一定会在国内蓬勃发展，所产生的理论意义和社会价值不可估量。

因此，需要在我国推广木球运动，进而把国人发明的木球运动推向国际，让世人了解中国。作为一名传播社会体育学的学者，笔者和木球运动的发明者、国际权威人士一起研究木球运动，在亲身体验和感受木球运动的魅力的同时，深知它理论的深奥，愿呕心沥血与同仁一起研究国内发展趋势以及将它推广开发，为决策部门推动木球运动的开展提供科学依据。

木球运动的开展已引起亚奥理事会的高度重视，并将其选为沙滩亚运会开设的运动项目。我国也组队参加了第二届亚洲沙滩运动会的木球比赛，并于2012年承办了第三届亚洲沙滩运动会。木球运动得到迅速发展和普及，初具规模，是因为它不受场地、环境限制，可以两男、两女或男女混合，六人进行团体或个人比赛，可行性很强，受到大众的喜爱，又丰富了全民休闲健身运动项目，推动了全民健身活动的广泛开展。按照国际木球总会的预测，木球运动的普及性将在不久后超过棒球、门球、垒球和羽毛球。如果预测得到实现，它的器材及附属产品如包、袋、会徽、服装、鞋子、装饰品就会应运而生，所产生的产业链就会推动服务业和旅游业的发展。据专家保守预计，根据木球产品的开发和市场营销所产生的名牌效益和产业价值，其年销售额在2000万元以上。预期应用前景非常美好，所产生的社会效应具有深远的意义！

二、 对国内外开展木球运动的研究的综述

国外对木球运动的开展和研究还处于初期阶段，木球运动注重比赛和技术的推广，理论研究较少。直到2004年行业人士才感悟到，“在打球的同时，从事木球的学术研究和推广研究，才能提升木球的地位”。于是国际木球运动科学技术研讨会于2004年举办，研讨会总共有17篇论文发表，其中中国台湾11篇，韩国2篇，日本1篇，保加利亚1篇，克罗地亚1篇。

发明者翁明辉先生认为“国内木球运动的发展和研究，对木球运动的提升有相当大

的帮助”。2006年4月24日，中国奥委会副主席、亚奥理事会主席魏纪中先生，原中国台北奥委会主席黄大洲先生，国际木球总会会长翁明辉先生，亚洲木球总会会长郭曾嘉先生，在宁波城市职业技术学院参加了木球运动发展研讨会，权威人士倡议在我国大力开展木球运动的推广和研究工作。宁波诺丁汉大学和宁波城市职业技术学院成立了由教授、研究生、中国木球生产基地总经理组成的研究小组，这对我国木球运动的开展和推广起到一定的促进作用。

第一，探讨我国开展木球运动的可行性，成立我国基层木球协会中心和大、中、小学木球组织机构，在全国开展木球运动。木球运动属于技巧性和感悟性的体育项目，非常适宜亚洲人的身体素质和运动天赋，如果有朝一日成为奥运会项目，相信奥运金牌榜上必有中国人的名字。随着社会的发展，现代生产方式和生活方式发生了深刻的变化，快节奏的工作、生活使人们的大脑皮层始终处于紧张状态。闲暇时间人们需要放松休闲，携带木球器具到大自然里去锻炼身体，陶冶情操，肯定会令人心旷神怡，促进身心健康。相信木球运动肯定能迅速普及，推动全国健身的开展。

第二，随着木球运动的快速兴起，可以使大家认识木球，推广木球，特别是高校是木球的开展地，可以以点带面迅速将木球传遍全国。

三、我国木球运动开展缓慢的主要原因

木球运动由孙民治先生在20世纪90年代中期介绍到大陆，距今已有二十多年的历史了。但目前，全国开展木球运动的高校还不多，大众对木球运动还不了解。2006年我国在广州举办了全国第一届木球锦标赛，但参与者有限。主要是我国对木球运动的研究不够、宣传不够，政府支持力度不大，参加单位很少，难以广泛开展木球运动。因此要成立国家木球协会或管理中心，以及成立大中专协会，举办比赛，加大宣传力度进行推广。通过对我国开展木球的一些院校、俱乐部进行问卷调查，我们发现了木球运动发展缓慢的原因。

（一）我国对木球运动的发展思路和认识具有一定的局限性，认为木球只是区域性的运动，错失了全面展开的大好时机。这是国内木球缓慢发展的主要原因。

（二）木球是全民休闲健身运动，但没有正式成立全国性的木球协会，没有乘全民健身的热潮和举办奥运会的东风，推动木球运动快速发展，也使国人对木球认知不足。

（三）木球运动的开展以竞赛代推广，错误地认为竞赛可以扩大影响，竞赛就能产生效益。我们认为比赛只是一种表演方式，新闻报道只是一个板块，看新闻的人多，了解参与木球运动的人少，缺少促使大众参与木球运动的政策。

（四）国内没有建立木球人才培训机制，木球运动开展近十年只举行了两次裁判员

培训班、没有教练员怎能推广木球运动？没有运动员怎样进行比赛？没有全方位的规划怎么谈普及、推广和提高？

四、建议

（一）加强与有关领导机构的沟通，尽快成立全国木球协会及领导机构（中心），建议教育部门成立大、中专院校木球联合会，只有这样才能推动木球运动在我国的开展和普及。

（二）加大国内木球运动宣传的力度，在主要媒体播放木球运动的技术、比赛规则，发放宣传资料，提高大众对木球运动的参与意识。

（三）建立培训网站，加强教练员、裁判员、技术人员的业务培训，这才是木球运动发展的方向。

（四）加快比赛项目的创新，使它更适应于不同的人群，如开发沙滩木球、室内木球、广场木球、庭院木球等，满足大众体育健身的需求。

（五）创新木球技术动作，增加人体对木球运动的适应能力的研究。

（六）研制创新木球运动模式，形成自己的理念，加大推广力度。

（七）成立研究机构，加强木球理论和技术的开发研究，使木球运动在我国各地迅速推广。

（八）建议把木球列入全国体育大会项目。

第二节　木球特色项目与校园文化建设研究

校园文化生活是校园文化建设的重要载体，也是校园文化中最活跃的部分。笔者所在的宁波城市职业技术学院有关部门精心组织各种校园文化活动，着力营造健康、高雅、寓教于乐的校园文化环境。大学生通过丰富多彩、生动活泼的健身活动，锻炼自己的能力，提高身体素质。通过开展满足学生追求时尚、休闲环保要求的木球运动，打造学生喜爱的木球文化品牌，可以营造良好的文化气氛，体现健康向上的校园文化精神，凸显校园文化主旋律。组织木球文化系列活动，把木球文化融入学生喜闻乐见的校园文化中去，可以满足学生的心理需求，全面开展木球文化教育，丰富、发展校园特色文化项目和展现校园文化精神，使木球文化不断展现时代特征和大学生积极向上的青春风采，实现建设特色鲜明、省内知名、国内有名的服务类高职院校的奋斗目标。

一、展现校园木球文化魅力高起点，主办国际木球高峰论坛

2006 年 4 月 24 日，我校利用宁波举办中国（宁波）国际木球公开赛的机会主办了“国际木球发展趋势暨社会体育发展”高峰论坛，很荣幸地邀请到了国际木球界的权威

人士、国际木球总会会长、木球运动的创始人翁明辉先生，亚洲木球总会会长郭进家先生，原中国台北奥委会主席、时任台北市市长黄大洲先生，原中国奥委会副主席、亚奥理事会第一副主席、国际排联主席魏纪中先生，国家体育总局社体中心副主任以及部分国家的领队参加会议。大家对国际木球文化的发展集思广益，从高起点营造木球文化的氛围。一个职业院校主办的高峰论坛，在国内外引起很大反响。相关参会人员接受了我校名誉教授、客座教授的聘书，魏纪中先生高兴地表示愿意每年来学校讲课。

二、一杆打出国门，走向世界

2006 年 9 月，我校木球队首次代表我国高校出征泰国，参加第二届世界大学木球锦标赛。在泰国军事政变的第三天，队员们冒着弥漫的硝烟走向了比赛场地，训练两个月的木球队队员跟训练十几年的东南亚队员同场竞技。队员们初生牛犊不怕虎，以独创的技术动作“杀出一条血路”，把日本、马来西亚、新加坡的世界劲旅打败。国内新闻称之为“一杆打出国门，走向世界”。我校木球队初次参赛一鸣惊人，喜获男子团体第四名的成绩。国际木球总会会长、木球运动的发明人翁明辉先生赞誉“梁久学教授魔鬼教练带出了一批魔鬼运动员”。从此，我国木球在东南亚及其余参赛各国小有名气。

三、凝聚海峡两岸木球文化元素，推动两岸大学文化交流

2007 年 8 月，海峡两岸共有 19 所大专院校参加木球邀请赛，时值“海棠”“圣帕”强台风袭击台湾，电闪雷鸣，狂风暴雨。队员们踏着泥泞，冒着红蚂蚁的疯狂袭击，奋力拼搏。最终一举夺得乙组男、女冠军，甲组女子团体第三及男子团体第五，两男一球赛亚军，两女一球赛亚军，男女混合季军和两个一杆破门奖。这在台湾大专院校中引起了轰动，大家赞誉我校木球运动开展得非常好，队员技术水平较高。队员们非常谦虚好学，诚心学习台湾的木球文化，在场地内外拜师学艺，得到翁明辉先生、高雄大学校长黄英忠先生的高度评价。

2008 年 4 月，我校主办第一届海峡两岸大专院校锦标赛，海峡两岸共有 16 所高校 100 余名选手参赛，在暴雨中切磋球技、交流学习。这次比赛提高了两岸大学生的木球技术水平，增强了海峡两岸大专院校的沟通和了解，还举行了大学生之间的联谊活动。

四、木球文化与奥运文化同行，全球木球锦标赛硕果累累

第二届至第七届全国木球锦标赛中，我校蝉联六届女子团体冠军，获得女子个人冠、亚军，男子团体冠、亚军、季军和最高一杆破门奖。吴江群同学获北戴河一周游奖励，领略了北戴河传统文化和承德皇家林园文化。奥运文化交流活动也在我校师生中广泛开展。

五、 培育木球文化特色，木球教学进课堂

培育校园木球文化，是新时期科学发展观赐予我们的宝贵财富，也是学校木球特色项目建设的丰富资源。我们在“三个课堂”教学改革中认识到木球文化是推动校园体育教学改革的一面旗帜，木球文化的发展与阳光体育活动并驾齐驱。作为校园传统文化的一个重要组成部分，学校把木球文化引进体育课堂，每学期开设木球体育俱乐部、木球队、木球社团、木球基础班和提高班等。近三年来，参加木球运动的同学占每届学生的三分之一，木球运动深受学生喜欢。校园木球文化已进入了“三个课堂”，选课的学生爆满。各学院都成立了木球队，木球技术得到普及和提高。

木球教学团队在主管领导的带领下由教授、副教授组成，他们独创了木球的低姿势、直立式、自然式技术动作，并制定了木球课程标准、木球教学设计方案、木球课程单元计划，开发出教学光盘、木球专著和教材。团队锐意进取、不断创新、团结奋进，争创浙江省乃至全国的一流教学团队。

六、 中国木球培训基地、国际木球培训基地落户我校

我校木球运动已形成了丰厚的文化底蕴，在普及、提高、开创的基础上，在国内外比赛中取得了较好的名次，进入亚洲前列，硕果累累的成绩得到国际木球界的一致好评！

中国木球培训基地、国际木球培训基地落户我校，为我国肩负着培养教练员、裁判员、高水平运动员的神圣任务。相关老师起草了教练员、裁判员技术等级标准和基地管理办法。经过我们培训的学校已有30多所。

我校将为中国木球文化的发展、为木球事业做出更大的贡献。

七、 众多新闻单位竞相报道，木球文化已成为学校亮点

我校木球队参加第二届世界大学木球锦标赛、海峡比赛、国内大赛均取得了优异成绩：泰国电视台和中国香港的亚洲电视台向世界进行转播，中央电视台、台湾教育广播台、中国体育报、台湾新生报、台湾时报、自由时报、中国时报、新华网、新浪网等50多家国内新闻单位进行了报道，在国内外引起了较大影响，临沂师范学院等20个国内高校纷纷前来取经。

八、 构建木球文化特色，打造省级校园文化品牌

如今，各种学科文化互相渗透，为了构建木球文化特色，打造省级校园文化品牌，开拓新的木球文化领域，学校定期举行木球文化节，将木球文化提升到新的境界。系列活

动如下：

（一）木球文化征文活动：举行全校师生参与的木球文化征文活动，提升师生对木球文化的认识。

（二）木球文化摄影展：开展师生木球文化摄影展，提升师生对木球文化的欣赏能力。

（三）木球之歌征集活动：开展师生谱写木球之歌的活动，提升师生对木球歌曲的鉴赏能力。

（四）木球舞蹈：舞蹈来源于生活，将木球文化编成舞蹈，加大宣传力度。

（五）木球竞赛活动：在师生中开展木球比赛，有大、中、小型木球运动比赛项目，激发师生参加木球活动的积极性。

（六）中国木球网开通仪式：举行国内新闻发布会，加大宣传学校木球文化的力度，提升木球文化的层次。

（七）成立教工木球队，活跃校园文化生活。

（八）承办第四届全国木球锦标赛：在全国提升木球竞技水平，创新木球文化特色。

学校通过上述系列举措，打造校园文化品牌，为提升学校的知名度做出不懈的努力。

第三节　职业院校木球特色职业素质训练项目课程的研究开发

教育部教高〔2006〕16号文件提出加强职业素质教育、提高学生创业能力的指示精神，要求各高职院校要将职业素质教育贯穿于人才培养的全过程。随着高职院校职业素质教育改革的不断深入，学校体育不再仅仅是一种身体运动，更是一种教育手段，一种生活方式，一种精神载体。它已成为高职院校职业素质训练的重要内容。

高职院校体育特色项目课程要以“育人”为宗旨，以学生为中心，把健身、健心、健美作为职业素质训练项目课程的核心，改变以往以身体技能训练为主的培养模式。特色项目训练课程把学生职业素质创新能力的训练作为主要内容，不断研究开发体育特色项目，开发提升职业素质的途径，激发学生自主锻炼的热情。研究开发体育特色职业素质项目课程的目的是强化职业教育，提高学生的职业素质，构建体育职业素质训练项目课程的教学体系。

一、体育职业素质训练项目课程研究的理论依据

（一）查阅并整理国内外体育职业素质教育项目课程开发的有关文献资料，汲取精华，为我国职业院校体育职业素质项目课程研发提供理论依据。

（二）调查国内外职业院校开展体育特色职业素质训练项目课程的现状及发展趋

势，研究体育特色职业素质训练项目课程在我国高职院校职业素质训练过程中的重要性与可行性。

（三）走访国内开展体育特色职业素质项目课程较好的院校，对其成功经验进行借鉴、总结、学习。

二、职业院校开展体育特色职业素质训练项目课程的可行性

研究以现代课程论、现代教学论的基本原理为依据，以实现学校体育教育的“三维健康观”为切入点，构建体育特色项目课程的理论框架。从体育特色项目课程建设、课程设置、课程内容、课程结构、课程资源、课程评价、师资建设等因素入手，对职业院校体育特色职业素质训练项目课程教学体系进行研究开发。探究职业院校体育课程发展趋势和体育课设置中的突出问题，以及制约特色体育项目课程开展的因素，制定切实可行的课程开发方案，在我国高职院校体育特色课教学中具体实施。

（一）正确认识职业院校体育教育课程与体育特色项目课程的矛盾关系，理清学校体育教育与体育特色项目课程的思路，辨析项目课程与体育健康课程的差异性，制定体育特色职业素质训练项目进课堂的教学准则。

（二）对学校体育教育功能的认识和定位。明确学校体育课程中职业素质训练项目课程的定位，提升职业素质训练项目课程的内涵，构建注重身心健康的“三维观”，促进体育特色训练项目课程的创新。体育教师在职业素质训练项目课程中，要探索《体育职业素质训练项目课程设计标准》，详细制定教学情境和教学活动场景单元教学方案设计，达到项目课程内容和教与学情景的合二为一，为体育特色项目课程进课堂奠定可行的实践依据。

（三）开发体育特色项目课程的教材、教学文件、评价标准等课程体系，需要体育教师付出辛勤的努力，要求教师转变观念，探索职业素质项目课程的教学文件，制定职业素质训练项目课程考核的评价标准，为体育特色项目课程的标准设计和单元教学方案的构建做出应有的贡献。

三、构建体育特色职业素质训练项目课程应把握的几个重要举措

根据高职院校体育特色职业素质训练项目课程的研究方向以及开发的理念，在传统创新和特色职业素质训练项目课程的构建上，重点把握几个关键环节：

（一）把握一个定位，明确发展方向。以育人为目标，以学生为主体，开展体育职业素质训练。

（二）抓住一个关键。深化职业院校体育职业素质教学改革，关键是创新体育特色

职业素质养成训练项目课程。

（三）突出一个重点，拓宽健身渠道。把体育特色项目作为职业素质训练课程的重中之重。

（四）夯实一个基础。强化体育特色项目课程管理，制定职业素质项目课程的管理体系。

（五）创新体育特色职业素质训练项目课程的体系。

1. 在传统体育课程目标上，创新职业素质训练项目课程的工作目标，强化任务驱动。

2. 在传统体育课程结构上，创新职业素质训练项目课程结构的框架。

3. 在传统体育课程资源上，创新优化职业素质训练项目课程的信息资源。

4. 在传统体育课程评价上，创新职业素质训练项目课程的目标过程评价标准。

（六）构建体育特色职业素质训练项目课程的内容。

1. 在构建体育特色职业素质训练课的内容上，突出学生职业岗位能力的培养，注重学生职业素质习惯的养成，着力学生职业素质服务意识的增强，重视学生就业能力的培养，达到体育特色职业素质训练项目课程标准的具体要求。

2. 在构建体育特色素质训练课程的理念上，体育教师应充分理解学校体育教育的真正含义，在观念上跳出传统的竞技运动的范围，明确学校体育教育是以育人为宗旨，以增强学生身体素质为根本，转变教学观念，以修身、养性、兴趣培养为目的，注重职业素质训练而不是强调学生的运动量。

3. 在构建特色体育项目课程的目标元素上，注意学生运动参与的多元化，根据学生就业需要，开设职业岗位需要的体育特色职业素质项目，增进学生的身心健康，培养学生的监督能力，达到职业岗位素质训练目标的要求。

4. 在构建体育特色素质训练项目课程的结构上，改变与发展课程结构是我国历次课程改革的核心内容。创新体育特色素质训练课程结构，体现在课程内容的创新、结构的选择性创新、评价的突破性创新、课程资源的优化性创新。根据上述内容，构建职业素质训练项目课程教学标准。

四、 体育特色职业素质训练项目课程开发案例

我们以笔者所在的宁波城市职业技术学院开设的体育特色职业素质训练项目课程木球为例，论证职业院校开展特色项目课程的可行性。我校开展体育特色职业素质训练项目课程只有几年的历史，但是学校把木球特色项目作为必修课程和选项课，制定了切实可行的课程组织方案。任课教师通过整体说课和单元说课，拓展创新理念，明确职业素质训练项目课程的思路，探索研究体育特色职业素质的项目课程设计标准和特色项目职业素质的单元设计方案。学校制定了职业素质配套措施和奖励办法，规定学生

参加体育特色项目训练和比赛，都可以获得体育素质拓展学分和单项技能奖学金。在职业素质教育的基础上，我校的木球一杆打出国门，走向世界。木球项目的发展取得了显著的成绩：在第二届世界大学木球锦标赛上，获男子团体第四名；在第二至第七届全国木球锦标赛上，蝉联六届女子团体冠军，获男子冠、亚、季军，有八名同学获得全国木球冠军；在第一届海峡两岸大专院校木球锦标赛上，获女子团体亚军，男子团体冠军；在第二届海峡两岸大专院校木球锦标赛上，获乙组男、女团体冠军；在第六届亚洲大学木球锦标赛上，获女子团体冠军、男子团体亚军。

木球特色项目课程已然成为我校学生职业素质训练课程的一个重要组成部分，有教学班 10 个（400 人），木球基础班和提高班各 1 个（80 人），木球俱乐部 10 个（400 人），木球协会 1 个（40 人），木球队 1 支（50 人）。二级学院都有木球队，每位教师都上木球课。每学期参加木球运动的学生达 1000 人以上，占每届学生的三分之一，学生非常喜欢木球特色项目课程。木球队获评感动城院团队奖，连续三年被评为学院十大新闻（人物）；校园文化品牌评选有 315 名师生参加，其中 285 名投木球特色项目团队的票，木球队被授予最具人气文化品牌。可见，木球特色职业素质训练课程深受学生喜欢。木球对学生职业素质养成和团队精神的培养起到一定的促进作用。木球队的学生见识广，社交能力强，职业素质和团队凝聚力强，深受用人单位欢迎，学生就业率达 92.6％。如果每个学校都像我校一样开设 1～2 个特色项目，全国职业院校体育特色项目进课堂就会全面开花，把体育职业素质课程列入教学中去必定在职业院校形成体育特色。体育特色职业素质训练项目课程，能够培养学生的体育兴趣，增强学生的团队凝聚力，提高学生的就业率。可见，职业素质课程的研究开发是职业院校体育教学改革的成功举措。

五、对策

（一）我校利用木球特色项目课程培养学生职业素质的成功举措表明：高职院校建立体育特色素质训练项目课程切实可行，各高职院校需要加强对体育特色职业素质训练项目课程的研究与开发。在体育特色职业素质训练项目课程开发上，根据职业院校不同的特点，开设不同的特色课程，制定特色职业素质训练项目课程切实可行的实施方案，对我国的体育教学改革起到一定的引领作用。

（二）高职院校需要加大体育特色职业素质训练项目课程改革宣传的力度，利用媒体对体育特色职业素质项目课程的成功举措进行宣传，使体育特色职业素质训练项目课程创新再上一个台阶。

（三）在体育特色职业素质训练项目课程的内容结构上，根据不同层次的学生，在项目上进行优化组合，彰显职业素质训练项目课程内容结构的创新，引导学生积极参与。

（四）在体育特色职业素质训练项目课程的教学方法和理念上，以学生为主体，让学生发挥创造性，培养学生的学习兴趣和爱好，使学生走向社会后有良好的职业道德修养和创业能力。

（五）在体育特色职业素质训练项目课程的评价上，制定目标考核评价、效果评价及过程评价。完善职业素质教育的教学文件，构建目标管理体系，展现特色职业素质训练项目课程的优势和特点，使职业院校体育特色教学改革成为一道亮丽的风景线。

（六）开展体育特色职业素质训练项目课程投资较少、见效快，而且特色项目不受场地、器材限制，便于学生参与，深受学生喜爱。

（七）建立体育特色职业素质项目课程培训基地，加大特色项目人才培养的力度，建立校内外的体育特色职业素质培训基地，满足职业院校职业素质教育的需求。

（八）建立高职院校体育特色职业素质训练项目课程研究机构，为体育特色职业素质训练项目课程在高职院校推广提供科学依据。

六、结论

体育特色职业素质训练项目课程是为职业院校体育教学研究和开发的。面对新形势、新观念、新机遇、新挑战，构建体育职业素质养成训练项目课程势在必行，高职院校要充分认识到职业素质培养工作是一项艰巨的系统工程：在职业素质教育中，突出体育特色项目课程内容，为体育特色项目进课堂开放绿灯；把特色体育项目课程作为职业素质培养的一项主要内容和举措，把体育特色教学活动融入职业素质训练学习情境之中，使它成为职业素质培养的主要组织形式和实施途径，提高职业素质训练的有效性；努力实现训练项目内容与职业活动角色的转换，创建体育特色职业素质训练项目课程教学的模式；开发学生喜欢的具有时代气息的体育特色项目，把学生从教室吸引到操场上，让学生真正做到“每天锻炼一小时”。

实践证明，体育特色职业素质训练项目进课堂，使学生受益匪浅。课堂上学生生龙活虎，锻炼热情空前高涨，在玩、笑中完成课堂任务，养成了职业素质训练的习惯，提高了职业素养。

浙江省《学校体育工作条例》评估组对宁波城市职业技术学院的评价是“木球特色职业素质训练项目课程，开创了浙江省体育特色职业素质训练项目进课堂的先河”，为我国体育特色职业素质训练项目课程的开发做出了贡献。

第四节　创新木球特色职业素质训练项目课程教学的研究

木球运动在我国高校悄然兴起得益于它的特点。首先，它是一项老少皆宜的体育运动项目，特点是动作简单易学，在公园、学校、沙滩都可以进行。它不受年龄、性别、身体条件和场地限制，无身体接触，娱乐性、趣味性强，运动起来使人心旷神怡，是一项休闲健身、绿色环保的运动项目。它不但锻炼了学生的身体，而且也培养了学生的职业素质，故成了高校大学生职业素质养成的主要训练科目。宁波城市职业技术学院把木球特色作为职业素质训练项目课程教学的主要内容。

一、 体育特色项目课程教学的定位与举措

根据高职院校体育特色项目课程的要求，即加强职业素质训练，培养学生的综合素质，提高其创新能力，在创新特色项目课程上，要重点把握几个关键环节：

（一）把握一个定位，明确发展方向。以育人为目标，以学生为主体，开展体育特色项目训练课程，提高学生的综合素质。

培养学生的职业素质是全国职业教育改革的重点，宁波城市职业技术学院抓住体育教学改革这一关键环节，在“体育与健康”课程的基础上，创新体育特色职业训练项目课程教学，并在构建体育特色项目课程体系上不断创新。为了开展木球特色职业素质训练项目进课堂活动，学校抓住了中国国际木球公开赛的机遇，举办了顶级的研讨会，使木球这个陌生的名词开始进入院领导和师生的视野，唱响了学校职业素质教学改革的主旋律，取得了可喜的效果。

（二）抓住一个关键，深化职业院校体育教学改革，创新体育特色职业素质训练项目课程教学的内涵。

2007 年，宁波城市职业技术学院把木球特色项目作为“体育与健康”的选项课，当时针对这一做法，教师各持己见，在全院引起一场体育教学思想大讨论。一些老师认为，体育休闲项目运动量小，不能满足学生健身需要，又与教学纲要不相符，体育特色项目不能成为选项课；另外一些老师则极力支持体育休闲项目进入课堂。通过一番讨论并进行半个学年的教学实践后，最后大家统一了认识：“学校体育不再仅仅是一种身体运动，更是一种教育手段，一种生活方式，一种精神载体。”体育特色休闲项目进课堂是体育课程改革的必然趋势，是大学生职业素质养成的重要途径。体育特色项目教学要以学生为中心，把休闲健身、娱乐健心、快乐健美作为职业素质养成的重要组成部分，改变以教师为中心和技能训练为主的教学模式，改变以大运动量负荷评价学生运动技能的标

准，改变传统体育课程考核标准，把体育特色项目作为学生身心愉悦的精神载体。如果继续开展传统项目教学，一个新建的学校永远会跟在别人的后面，而开展体育特色职业素质训练项目课程教学，大家都站在一个起跑线上，很有可能捷足先登率先搞出特色。

（三）突出一个重点，拓宽健身渠道，把体育特色项目课堂教学作为职业素质训练课程的重中之重。

职业院校培养人才的一个重点内容，就是突出学生的实践能力。木球特色项目的特点是动作简单，不受身体形态和机能的限制，人人拿杆就可锻炼身体，学生既当运动员又当裁判员。把木球课教学作为职业技能训练项目，可增强学生的职业能力和实践动手能力。体育特色项目丰富了教学内容，又拓展了职业素质训练项目课程，增加了学生业余健身的渠道。木球特色项目教学在宁波城市职业技术学院开展以来，学生实践能力、运动技能水平得到明显提高。职业素质训练项目课程开展以来，学校在国内外重大比赛中已获得数十座奖杯。

（四）夯实一个基础，强化体育特色职业素质训练项目课程教学管理，制定教学管理的文件。

新兴体育项目进课堂，要制定体育特色项目教学的管理措施，制定职业素质训练项目课程教学的管理标准和单元设计方案，为上好体育特色职业素质项目课打下良好的基础。根据体育特色项目课程的实际情况，制定体育特色项目课程管理文件，能使体育特色职业素质训练项目课程教学的各项管理工作逐步完善。

二、教师转变教学观念，在传统体育课程教学上改革创新

学校根据学生的反映，积极组织教师学习教高〔2006〕16号文件，使教师转变观念、提高认识，学习木球技术及职业素质训练项目的教学理论知识，同时把木球特色项目课程作为必修课。

（一）在传统体育课程教学目标上，创新特色职业素质训练项目课程的教学工作目标，强化教学工作的任务驱动。

根据特色课程职业素质训练的工作目标，确定项目课程以后，学生的任务就是选课、上课、锻炼身体，教师的任务就是帮助学生掌握技能，培养学生的职业素质，开拓职业素质训练的项目课程教学。

教师创新情景教学方法整合场景教学手段后，全校选木球课的同学有30多个班（1200多人），占总选课人数的三分之一。选木球课的学生说："木球作为新兴项目，休闲健身，教学形成新颖、方法多样。上体育课就是为了减轻学习、就业、生活上的压力，我们把木球休闲项目作为自己的减压阀和缓冲剂，在绿地上休闲健身，同时把它当成我

们职业素质养成的最佳选择。”

（二）在传统体育课程教学结构上，创新特色项目课程结构的框架。

传统课程的结构，主要是沿袭过去的结构模式和框架，把课堂分成若干个部分，整堂课管得非常死，学生无法进行自我锻炼和调节，教师当主角，学生当配角。教高〔2006〕16号文件要求要以学生为中心，就必须改革旧的课程结构，让学生选项目、选课程、选老师，充分发挥学生的主观能动性，达到教学育人的目的。

（三）在传统体育课程资源上，创新优化特色项目课程教学的信息资源。

传统的体育课程比较封闭，教学模式一成不变，教师很少相互交流教学经验。现在是信息社会，教学手段和教学方法需要不断更新。职业素质训练教学资源丰厚，既有先进的信息资源，又有生动活泼的教学素材，课堂教学丰富多彩。近年来，宁波城市职业技术学院木球课已走进了“三个课堂”，形成了第一、第二、第三课堂教学联动，得到了普及和提高。全国22家新闻媒体纷纷报道，在社会上产生了一定的影响。临沂大学、浙江工商大学、同济大学浙江学院、浙江工业大学之江学院、绍兴职业技术学院等高校纷纷前来取经。木球特色职业素质训练项目课程教学改革，被浙江省《学校体育工作条例》评估组评价为开创了浙江省体育教学改革的先河，在我校的引领下，浙江省有30余所高校也纷纷开设了木球特色项目课程教学。

（四）在传统体育课程教学评价上，创新特色职业素质训练的项目课程教学评价标准。

在传统项目中，体育课的评价只取期中考试、期末考试和出勤表现作为学生的考评成绩。现代项目课程的评价内容非常多，能全面衡量学生的综合素质。

1. 目标评价。根据学生完成目标任务的程度进行综合评价。只要学习目标明确，也就达到了目标评价的要求。

2. 过程性评价。根据学生完成某一职业素质训练课程学习的程度，以完成教师课程设计的任务为最终目标，在完成目标的过程中尽可能使学生有更大的收获，激励、鼓励学生养成职业素质的能力，将学生掌握项目学习的过程作为评价标准。

3. 效果性评价。在完成某一动作时，传统项目课程的考核以完成次数和准确率作为评价标准。体育特色项目课程教学以学生为主，以学生学习情景来判定学生锻炼的效果以及学生掌握训练项目的能力，将其作为效果评价标准，这与传统的项目课程评价有着本质的区别。体育特色项目课程的评价形式多种多样，并不是对个体性技能的评价，而是对参与的效果性的评价。

三、构建体育特色职业素质训练项目课程的教学内容

（一）构建体育特色职业素质训练项目课程的内容。

木球特色项目课程突出学生职业岗位能力的培养，注重学生职业素质习惯的养成，帮助学生增强职业素质服务的意识，重视学生就业能力的培养，达到体育特色职业素质训练项目课程标准，完善充实职业素质训练项目的内容。

（二）构建体育特色职业素质训练项目课程教学的理念。

我校体育教师充分理解学校体育教育的真正含义，明确学校体育教育是以育人为宗旨，以增强学生身体素质为根本，转变教学观念，以修身、养性、职业素质养成为目的，注重职业素质训练而不是强调学生的运动量。

（三）构建体育特色职业素质训练项目课程的元素。

我校注意学生运动参与的多元化，根据学生职业教育的需要，开设职业岗位需要的体育特色木球项目，增进学生的身心健康，培养学生的监督能力，达到职业岗位素质目标的要求。

（四）构建体育特色职业素质训练项目课程教学的结构。

课程结构的改变与发展是我国历次课程改革的核心内容，创新体育特色项目课程结构，体现在课程内容的创新、结构的选择性创新、评价的突破性创新、课程资源的优化性创新。根据上述内容，我校课程结构的改变与发展重在构建职业素质训练项目课程教学标准，在课程单元方案设计上，注重学生的训练内容及课程结构的创新。

四、结论

（一）通过木球特色职业素质训练项目课程的教学，学生的职业素质不断提高，并达到了预期的效果。高等院校开设木球特色职业素质训练项目教学，一定能满足学生对木球运动的需求，达到职业素质训练项目课程的要求。

（二）教师要认真学习教高〔2006〕16号文件，转变观念，一专多能，根据学生的需要开设特色职业素质训练项目教学课程。

（三）学校要根据职业素质训练项目课程特点编写《课程教学设计标准》《单元教学设计方案》，在开设特色职业素质训练项目教学前，做好前期的准备工作，以保证体育特色项目课程顺利进入课堂，满足学生的需求。

（四）开设特色职业素质训练项目课程教学应根据学校的实际情况，选择不同的体育教学模式，不要盲目地照搬，要进行实验性教学。

（五）学校领导要大力支持体育特色职业素质训练项目课程教学，鼓励教师进行特色项目教学，在物力、财力上给予支持。

（六）要定期对体育特色职业素质训练项目的教师进行培训，使他们掌握职业素质训练项目教学的理论和技能，在学校推广新兴项目，起到引领作用。

第五节　木球课程标准设计方案研究

木球课程的标准设计方案如表 8－5－1。

表 8－5－1　木球课程设计标准

<table>
<tr><td rowspan="2">课程名称</td><td rowspan="2">体育健康 1</td><td>课号</td><td>020D01B0B</td><td rowspan="3">总学时：34 学时
讲　课：4 学时
上　机：0 学时
实　验：0 学时
实　训：30 学时</td></tr>
<tr><td>学分</td><td>1</td></tr>
<tr><td>课程类别（√）</td><td colspan="3">公共课（√）　专业平台课（　）　岗位平台课（√）　模块课（　）　院级任选课（√）　专业选修课（　）</td></tr>
<tr><td>授课专业</td><td>公共体育教学</td><td>授课班级</td><td colspan="2">08 级普修班学生</td></tr>
<tr><td>任课教师</td><td>梁久学</td><td>职称</td><td colspan="2">教授</td></tr>
<tr><td>课程培养目标设计（能力目标、知识目标和素质教学目标）</td><td colspan="4">本课程的总体目标：使学生了解木球的基本知识，初步掌握木球运动技能，能运用已学裁判法、技术、战术组织指导比赛；使学生巩固已学动作要领，提高自我锻炼健身的能力，培养职业道德素质，养成终身体育锻炼的习惯，增强身心健康和团队精神，注重社会适应能力和业务素质的养成。
2.1　能力目标
● 能运用木球锻炼方法养成锻炼习惯。
● 能通过木球学习掌握主要动作要领。
● 能正确选择木球的锻炼技巧。
● 能正确掌握木球的攻门技术。
● 能正确运用木球短杆技术。
● 能根据木球比赛应用战术。
● 能根据木球的动作要领创新动作。
● 能熟练应用推杆、吊球技术。
● 能初步掌握短杆、中杆、长杆技术。
● 能正确选择适合自己的高姿势、低姿势、自由式动作。
● 能熟练掌握所学动作进行教学比赛。
● 能有效解决比赛组织工作中出现的问题。
● 能应用医务监督指导自己进行科学的训练。
2.2　知识目标
● 能讲解特色项目课程理论知识和裁判法。
● 能讲解动作要领及锻炼方法。
● 能示范站姿、置球、瞄球、击球、推杆、吊球、攻门。
● 能做出球挥杆、下杆、送杆、收杆的连续动作。
● 能正确表述木球低姿势的锻炼方法。
● 能正确表述木球的练习过程和要求。
● 能正确表述木球三种动作的要领。
● 能正确表述木球的常用训练方法。
● 能正确表述木球的裁判知识。
● 能正确表述组织比赛和指导训练的有关知识。
2.3　素质目标
● 养成终身体育锻炼的行为素质。
● 拓展对身体素质和心理素质的训练。</td></tr>
</table>

续 表

<table>
<tr><td>课程培养目标设计(能力目标、知识目标和素质教学目标)</td><td>● 强化个人素质,培养团队协作的精神。
● 强化能力,培养讲、会、做、用的综合素质。
● 培养勤奋工作和吃苦耐劳的意志品质。</td></tr>
<tr><td>课程内容、要求及教学整体设计</td><td>本课程打破传统“技能+竞技”的教学方式,实施 “教、学、做”合一的项目教学。在项目课程设计中,本课程确定的是以“木球特色项目教学”的任务过程作为载体的项目设计思路,以“强身健体” 和“终身体育锻炼习惯养成”为目标,将“修身养性”和“学生能力培养”作为课程项目教学的综合实践项目,通过木球典型案例展示、分析和运用场景教学,以个人自主锻炼为任务驱动,构建一个融模拟与真实、课堂与课外相结合的教学情景,充分开发学习资源,给学生提供丰富的实践机会,从而提高教学效果。
<table>
<tr><th>序号</th><th>学习项目</th><th>教学活动设计</th><th>结果</th><th>课时</th></tr>
<tr><td rowspan="5">1</td><td rowspan="5">木球的认知与典型案例评析</td><td>教学活动 1:木球项目认知,在教师指导下播放教学片。</td><td>认知</td><td>1</td></tr>
<tr><td>教学活动 2:木球基本动作讲解示范,握杆、站姿、置球、瞄球、击球、攻门动作的讲解与示范,练习与应用。</td><td>基本掌握</td><td>2</td></tr>
<tr><td>教学活动 3:基本技术推杆、吊球,让学生掌握不同的动作。</td><td>掌握</td><td>1</td></tr>
<tr><td>教学活动 4:基本技术挥杆、下杆、送杆、收杆,进行技术和情景教学分析。</td><td>掌握</td><td>1</td></tr>
<tr><td>教学活动 5:教学体验,2 米×5 点不同角度攻门,目标性评价(见评价标准)。</td><td>评价目标</td><td>1</td></tr>
<tr><td rowspan="4">2</td><td rowspan="4">低姿势动作的应用与开发</td><td>教学活动 1:短杆技术讲解示范,要求教师讲解示范,学生模仿练习。</td><td>掌握</td><td>2</td></tr>
<tr><td>教学活动 2:中杆技术讲解示范,让学生掌握技能与练习方法。</td><td>掌握</td><td>2</td></tr>
<tr><td>教学活动 3:长杆技术讲解示范,让学生掌握初步动作要领。</td><td>初步掌握</td><td>2</td></tr>
<tr><td>教学活动 4:50 米综合技术应用评价,教学比赛体验与欣赏(见过程性评价)。</td><td>过程评价</td><td>2</td></tr>
<tr><td rowspan="4">3</td><td rowspan="4">高姿势动作的应用与利用</td><td>教学活动 1:短杆技术讲解示范,让学生练习,分别纠正。</td><td>掌握</td><td>2</td></tr>
<tr><td>教学活动 2:中杆技术讲解示范,让学生模仿练习,分组进行练习。</td><td>掌握</td><td>2</td></tr>
<tr><td>教学活动 3:长杆技术讲解示范,让学生模仿体会。</td><td>初步掌握</td><td>1</td></tr>
<tr><td>教学活动 4:自我体验,耐力素质(女 800 米,男 1000 米)及专项素质(推杆)。</td><td>标准评价</td><td>2</td></tr>
</table></td></tr>
</table>

续　表

<table>
<tr>
<td>课程内容、要求及教学整体设计</td>
<td>
<table>
<tr><th>序号</th><th>学习项目</th><th>教学活动设计</th><th>结果</th><th>课时</th></tr>
<tr><td rowspan="4">4</td><td rowspan="4">自然式动作的应用与创新</td><td>教学活动 1：短杆技术讲解示范，让学生创造性发挥应用。</td><td>创造应用</td><td>2</td></tr>
<tr><td>教学活动 2：中杆技术讲解示范，让学生创新动作要领。</td><td>创新动作</td><td>2</td></tr>
<tr><td>教学活动 3：长杆技术讲解示范，让学生施展才华，创新练习方法。</td><td>创新方法</td><td>1</td></tr>
<tr><td>教学活动 4：编排比赛程序，设计教学比赛。</td><td>能力培养</td><td>2</td></tr>
<tr><td rowspan="4">5</td><td rowspan="4">考核</td><td>教学活动 1：12 道教学比赛考核与裁判实践。</td><td>教学实践</td><td>2</td></tr>
<tr><td>教学活动 2：20 米推杆，综合技术应用。</td><td>教学应用</td><td>2</td></tr>
<tr><td>教学活动 3：50 米教学比赛过程欣赏。</td><td>过程欣赏</td><td>1</td></tr>
<tr><td>教学活动 4：理论应用与学习态度认知。</td><td>理论认知</td><td>1</td></tr>
</table>
说明：综合项目实践考核 4 学时，理论知识应用与认知考核 1 学时，机动 1 学时，安排补测考核。
</td>
</tr>
<tr>
<td>教材和参考书</td>
<td>1. 按照特色项目课程标准中学习项目的设置和编排方式，根据各学习项目的特点、学习内容以及情景构建的需要，并考虑到“教、学、做”合一的要求，编写符合项目课程要求的校本教材或讲义。
2. 目前有一些采用案例教学或项目教学的书籍资料可作为参考：
张添福等主编《木球手册》2004 年版
梁久学主编《新编大学体育》2000 年版
程慎玲主编《体育教育》2007 年版
程慎玲主编《现代体育与健康》2008 年版
程慎玲主编《木球运动学》讲义，梁久学的木球特色项目教学片</td>
</tr>
<tr>
<td>考核方案设计</td>
<td>改革传统的学生评价手段和方法，采用认知性评价、目标性评价、过程性评价、理论应用与认知一体化评价。关注评价的多元化，结合课堂评价、平时评价、教学体验及考核情况，综合评价学生成绩。注重学生动手能力和创新能力的培养，使学生在教学实践中能分析问题、解决问题，通过木球教学，提高学生的身心素质。
教学评价建议表
<table>
<tr><th>考核分类</th><th>比例</th><th>考核内容</th><th></th></tr>
<tr><td>学习项目考核（平时）</td><td>40%</td><td>项目学习过程占 20%</td><td>项目学习结果（目标评价）占 20%</td></tr>
<tr><td>课程考核（期末）</td><td>60%</td><td>理论应用与学习态度认知占 20%</td><td>过程评价、教学实践项目占 40%</td></tr>
</table>
</td>
</tr>
</table>

续 表

课程资源的开发与利用	建立课程网站，为学生学习和师生交流提供平台，包括课程标准、教案、课件、教学日历、教学录像、作业、相关资料、讨论、学生课外项目课程等。
进度表	见教学日历

第六节　木球项目课程单元设计方案研究

木球课程单元设计方案如表 8-6-1。

表 8-6-1　木球课程单元设计方案

第 1—3 周　　　　学时：6

项目名称	学习项目 1：木球项目与典型案例评析
教学的知识目标	1. 能正确认知木球特色项目课程的内容及动作名称。 2. 能熟练说出木球的不同动作要领的练习方法。 3. 能基本说出裁判规则和判罚原则。
教学的能力(技能)目标	1. 能识别木球项目课程基本动作名称。 2. 能运用已学的基本动作自主锻炼。 3. 能掌握木球教学的要点。
教学的素质目标	加强学生“学中做，做中学”的应用能力，使其掌握基本动作，养成终身体育锻炼的习惯，培养学生个体创新和团队协作的能力。
主要教学内容	1. 让学生了解木球项目课程的内容。 2. 木球技术的站姿、握杆、置球、瞄球、击球、推杆、吊球、攻门的动作。 3. 不同的动作要领和锻炼方法。
教学活动设计	在木球课程中，模拟比赛情景，为学生走向社会组织木球比赛积累经验，为学生健身服务。 教学活动 1：通过木球教学片让学生了解木球项目、发展概况、国内外的发展趋势、木球基本技术动作的名称。 教学活动 2：通过分析案例让学生对木球的几个动作姿势进行分析，探讨不同的教学内容和锻炼方法，让学生在讨论中认知动作及要领。 教学活动 3：让学生自己组织不同角度的攻门比赛，体验如何组织教学比赛。 教学活动 4：让学生选取一两个动作进行分解和分析，找出重点和难点及解决方法。 教学活动 5：在老师指导下采用不同动作进行教学比赛。 教学活动 6：在教学中让学生分别用不同的攻门动作进行模仿和练习。 教学活动 7：让学生进行 2 米不同角度的攻门练习。 教学活动 8：进行 2 米×5 点不同角度的攻门目标考核，检验教学效果。 总结上述教学活动，进行示范动作的再模拟。
本项目作业、训练、讨论安排等环节	1. 初步了解木球项目的概念及基本动作名称。 2. 掌握木球的基本动作要领。 3. 运用已学技术进行教学比赛和裁判法实践。 4. 用阶段性目标评价攻门技术。

第 4—7 周 **学时：8**

项目名称	**学习项目 2：低姿势技术**
教学的知识目标	1. 能表述低姿势的技术动作名称。 2. 能熟练掌握低姿势的锻炼方法。 3. 能熟练说出木球的攻门、短杆、中杆、长杆动作要领。 4. 能正确运用该技术与裁判法进行教学比赛。
教学的能力(技能)目标	1. 能进行木球动作教学方法的运用与锻炼。 2. 能掌握木球动作要领，进行项目应用性锻炼方法剖析。 3. 能合理选择木球的教学活动内容，进行练习内容设计。 4. 能熟练运用已学技术，进行 50 米综合技术教学验证。
教学的素质目标	使学生进一步掌握正确的锻炼方法，能进行教学组织与比赛，养成终身锻炼的习惯，强身健体，发挥团队精神，形成吃苦耐劳的意志品质，具有自创教学动作的能力。
主要教学内容	1. 木球低姿势的技术动作。 2. 低姿势的攻门、短杆、中杆、长杆动作教学。 3. 利用已学技术进行教学与比赛。 4. 50 米综合技术应用与检验。
教学活动设计	教学活动 1：安排学生当老师，实行学生个体创新。 教学活动 2：改变教学环境，让学生体验环境教学，感悟大自然的魅力。 教学活动 3：讲解讨论组织不同形式的教学方法。 教学活动 4：以案例形式让学生了解不同动作的优缺点。 教学活动 5：通过案例让学生练习指导学生进行个体训练和教学比赛。 教学活动 6：通过案例让学生练习组织 6 道教学比赛。 教学活动 7：让学生讲解自创动作的模拟。 教学活动 8：让学生练习自创教学方法。 教学活动 9：开发新的动作及剖析利用价值。 教学活动 10：50 米综合技术应用与体验欣赏，让学生利用所学技术，欣赏别人技术，比较练习方法。 技能归纳总结在上述教学活动中按需穿插进行。
本项目作业、训练、讨论安排等环节	1. 完成项目内容设计的动作，进行课后训练。 2. 让学生掌握已学技术，设计项目单元教学方案。 3. 课外锻炼巩固已学动作。
教学思考	能否让学生讲授动作，设计一个教学方案。

第 8—11 周 **学时：8**

项目名称	**学习项目 3：高姿势技术**
教学的知识目标	1. 能熟练表述高姿势的技术动作。 2. 能表述高、低姿势的动作类型。 3. 能正确说出高姿势的动作名称和训练方法。 4. 能说出耐力素质的评价标准。

续　表

项目名称	学习项目3：高姿势技术
教学的能力(技能)目标	1. 能根据需要选择高姿势的技术动作。 2. 能进行高姿势动作的练习。 3. 能熟练进行攻门、短杆、中杆、长杆的训练。 4. 能进行教学比赛与裁判实践应用。 5. 能进行耐力素质和推杆的专项素质训练。
教学的素质目标	让学生能对高、低姿势的动作进行讲解示范，能利用高姿势动作的练习方法，养成终身锻炼习惯，在教学比赛中掌握裁判的理论知识。
主要教学内容	1. 高姿势攻门、推杆、短杆、中杆、长杆的技术动作。 2. 高姿势技术的训练与教学方法。 3. 教学比赛裁判法的应用与判罚方法。 4. 耐力素质和推杆专项素质的标准评价。女800米、男1000米的推杆准确性。
教学活动设计	教学活动1：让学生讲解高姿势的动作要领。 教学活动2：让学生示范低姿势的动作。 教学活动3：让学生进行不同姿势的纠正和正确教学。 教学活动4：让学生自创教学案例，进行裁判教学实践。 教学活动5：让学生进行自己既当运动员又当裁判的实践应用。 教学活动6：耐力素质、专项素质的训练。 教学活动7：让学生讲解、示范高姿势动作。 教学活动8：让学生分解高、低姿势的动作，说出优缺点。 教学活动9：让学生利用动作进行模仿教学。 教学活动10：让学生进行耐力和专项素质的综合练习。 要求技能应用在上述教学活动中按需穿插进行。
本项目作业、训练、讨论安排等环节	1. 课后要求高姿势的训练，使学生巩固已学动作。 2. 安排木球比赛的组织与编排的实施方法。 3. 掌握木球的训练与技术应用方法，体验自我锻炼的感受。
教学思考	让学生进行个案训练方法的尝试与分析。

第12—14周　　　　　　　　**学时：6**

项目名称	学习项目4：自然式技术
教学的知识目标	1. 能熟练说出自然式的动作名称。 2. 能正确表述自然式的重点、难点，特点和训练要求。 3. 能正确表述自然式教学方法。 4. 能正确表述三种不同动作类型。 5. 创新木球未来的动作。
教学的能力(技能)目标	1. 能掌握自然式的技术动作。 2. 能根据自己的身体条件选择不同的动作姿势。 3. 能使用已学技术进行教学比赛和裁判知识学习。 4. 能使用各自然式动作进行教学指导，进行科学的医务监督。 5. 能创新动作方法和自主练习方法。

续　表

项目名称	学习项目 4：自然式技术
教学的素质目标	能运用高、低姿势的动作，并进行讲解示范，养成终身锻炼习惯，强身健体，形成吃苦耐劳的意志品质和团队精神。
主要教学内容	1. 自然式的技术动作，创新技术。 2. 攻门、推杆、短杆、中杆、长杆的动作，创新动作。 3. 进行系统的技术应用和比赛，创新练习方法。
教学活动设计	教学活动 1：进行个案教学并能示范讲解。 教学活动 2：能组织比赛和编排记录方法。 教学活动 3：根据实际情况或模拟赛场进行裁判评判。 教学活动 4：能进行训练指导和自我锻炼的义务监督。 教学活动 5：能进行动作创新。 教学活动 6：能主持比赛与教学。 教学活动 7：教与学、练与指导在比赛中的实践运用。 教学活动 8：学生自创动作的讲解、示范与欣赏。 教学活动 9：对各种练习过程的感悟和想法。 教学活动 10：掌握几种动作的练习方法，把握其动作要点和难点。 教学活动 11：综合素质练习的方法及开发。 总结在上述教学活动中按需穿插进行。
本项目作业、训练、讨论安排等环节	1. 自然式动作的课后练习与锻炼创新。 2. 指导同学进行教学训练与比赛，培养动手能力。 3. 谈谈养成锻炼的习惯的体会，对课堂教学设计的内容进行反馈提问。
教学思考	对学生创新动作的展示与欣赏。

第 15—16 周　　　　　　　　学时：4

<table>
<tr><th>项目名称</th><th>学习项目 5：考核与评价</th></tr>
<tr><td>考核内容</td><td>1. 2 米×5 点不同角度攻门。
2. 50 米综合技术的应用。
3. 12 道教学比赛与实践。
4. 女 800 米、男 1000 米的耐力素质及推杆专项素质。
5. 对理论应用与学习态度的认知。</td></tr>
<tr><td>评价名称</td><td>1. 目标性考核评价。
2. 过程性考核评价。
3. 教学比赛与实践检验性考核评价。
4. 标准性考核评价。
5. 理论应用和学习态度认知性考核评价。</td></tr>
<tr><td>评分标准</td><td>1. 2 米×5 点不同角度攻门目标性考核评价占 20%
<table>
<tr><td>成绩</td><td>5 球</td><td>4 球</td><td>3 球</td><td>2 球</td><td>1 球</td><td>0 球</td></tr>
<tr><td>分值</td><td>20</td><td>18</td><td>16</td><td>14</td><td>12</td><td>10</td></tr>
</table></td></tr>
</table>

续 表

<table>
<tr><th>项目名称</th><th>学习项目 5：考核与评价</th></tr>
<tr><td>评分标准</td><td>
2. 20 米综合技术应用过程性考核评价占 20%
<table>
<tr><td>成绩</td><td>4 杆</td><td>5 杆</td><td>6 杆</td><td>7 杆</td><td>8 杆</td><td>9 杆</td><td>封杆</td></tr>
<tr><td>分值</td><td>20</td><td>18</td><td>16</td><td>14</td><td>12</td><td>10</td><td>8</td></tr>
</table>
3. 耐力素质：女 800 米、男 1000 米标准考核评价占 10%
<table>
<tr><td>成绩</td><td>3′25″</td><td>3′30″</td><td>3′35″</td><td>3′40″</td><td>3′45″</td><td>3′50″</td><td>4′00″</td><td>4′10″</td><td>4′20″</td></tr>
<tr><td>分值</td><td>100</td><td>95</td><td>90</td><td>85</td><td>80</td><td>75</td><td>70</td><td>65</td><td>60</td></tr>
</table>
4. 专项素质：30 米推杆专项综合素质考核评价占 10%
<table>
<tr><td>成绩</td><td>3 杆</td><td>4 杆</td><td>5 杆</td><td>6 杆</td><td>7 杆</td><td>8 杆</td><td>9 杆</td><td>封杆</td></tr>
<tr><td>分值</td><td>10</td><td>9</td><td>8</td><td>7</td><td>6</td><td>5</td><td>4</td><td>3</td></tr>
</table>
5. 12 道教学体验与裁判实践性考核评价占 20%
<table>
<tr><td>成绩</td><td>65 杆</td><td>66 杆</td><td>67 杆</td><td>68 杆</td><td>69 杆</td><td>70 杆</td><td>71 杆</td><td>72 杆</td><td>封杆</td></tr>
<tr><td>分值</td><td>20</td><td>19</td><td>18</td><td>17</td><td>16</td><td>15</td><td>14</td><td>12</td><td>10</td></tr>
</table>
6. 理论应用与学习态度认知性考核评价占 20%
<table>
<tr><td>成绩</td><td>卷面成绩优秀
学习态度明确</td><td>卷面成绩良好
学习态度端正</td><td>卷面成绩及格
学习态度较好</td><td>卷面成绩不及格
学习态度一般</td></tr>
<tr><td>分值</td><td>20</td><td>15</td><td>10</td><td>8</td></tr>
</table>
</td></tr>
<tr><td>教学活动设计</td><td>考核方法 1：以不同角度进球为目标，不管动作姿势与形式，只要能进球。
考核方法 2：50 米推杆、吊球、攻门，主要是掌握综合技术的应用过程。
考核方法 3：12 道教学比赛，主要是教学效果，对学生掌握裁判法知识的应用情况的检验。
考核方法 4：对女 800 米、男 1000 米耐力素质和推杆专项素质进行反馈评价。
考核方法 5：理论知识试卷占 10%，学习态度占 10%。</td></tr>
</table>

第四篇

技术动作创新篇

第九章　高姿势技术动作

高姿势动作是由笔者命名的，它的命名依据如下：首先，它采用的动作姿势是高尔夫球的动作姿势，它的技术动作名称也使用高尔夫球技术动作的名称，如挥杆、推杆、击球等。笔者为了与高尔夫球动作区分，把木球动作称为“高姿势动作”，这也符合木球运动发展的规则。其次，高尔夫球动作姿势是提臀，挺腰，两腿直立，躯干稍微前倾，形如直立。根据动作姿势命名高姿势动作。

取命高姿势动作主要是为了与高尔夫球动作有所区分，使木球技术动作有自己的技术动作名称。徐艳青运动员凭借此动作获得了第九届全国锦标赛的冠军、亚洲杯的季军和国际公开赛的冠军。这也是笔者为木球理论与实践研究做出的贡献。从今以后，木球运动在教学、训练中也有了自己的技术动作名称。

第一节　基本动作

中杆技术

一、动作姿势

两脚自然分开，稍与肩同宽，两脚尖朝前。身体重心落在两脚上，两腿稍弯曲，臀部向后顶起，腰挺直，挺胸，身体前倾，两臂握杆自然下垂，两眼注视球体。如图 9-1-1、图 9-1-2。

图 9-1-1　正面动作姿势

图 9-1-2　侧面动作姿势

二、站位

（一）平行式站位

平行站姿是双膝自然分开，稍与肩同宽；双脚连线，脚尖向前与目标线平行的站姿。初学者应该从平行站位开始。如图 9-1-3。

（二）外展式站位

两脚站位距离稍与肩同宽，右脚尖向前，左脚尖向左侧外展 30 度左右，左脚尖与靠近体侧的球门柱平行成一直线，此站法用于短杆、中杆、长杆，便于转体挥杆。如图 9-1-4。

图 9-1-3　平行式站位

图 9-1-4　单脚外展式站位

（三）前后式站位

两脚站位比肩稍宽，右脚处在身体中心轴线右侧上，左脚向后退 10～20 厘米。此站法用于大力挥杆。如果是右转道站法是左脚在前，右脚在后。如图 9-1-5。

（四）双脚外展式站位

两脚站位比肩稍宽，两脚尖外展 10～15 度，两腿稍微弯曲，此方法用于近距离攻门和吊球动作。如图 9-1-6。

图 9-1-5　前后式站位

图 9-1-6　双脚外展式站位

三、握杆

（一）靠近式握杆

采用十指握法，左手在上，右手在下，左手握球杆最上端的侧面，虎口向下，右手握杆靠紧左手，虎口向下。如图 9-1-7，此种方法适用于青年学生和老年人握杆用。

（二）分开式握杆

两手握杆分开 10 厘米左右，使用十指握杆方法。如图 9－1－8。

（三）自然式握杆

双手握杆采用十指握杆方法，十指自然分开。如图 9－1－9。

图 9－1－7 靠近式握杆

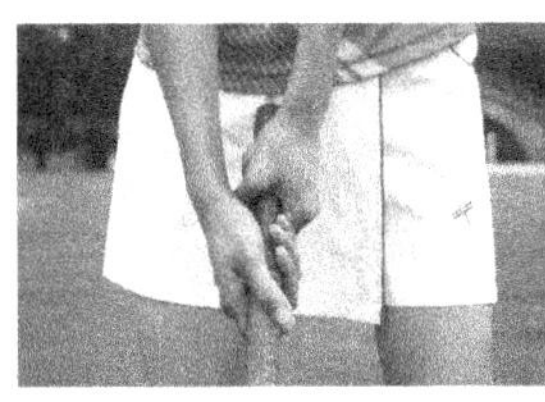
图 9－1－8 分开式握杆

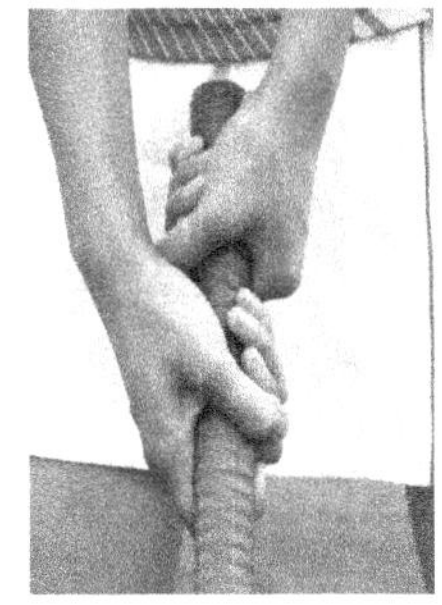
图 9－1－9 自然式握杆

四、置球

置球位置是否合适是击球的关键。置球的远近是关系到成功率的重要环节。应该将球置放在左脚脚跟的延长线上，离身体的距离视个人的情况而定。一般在离左脚尖内侧前 30～40 厘米。离身体太近不便于挥杆，离身体太远不便于控制球，容易改变挥杆的运行轨迹。在实践中对高、低姿势实践运用如下：长杆置球根据运动员自我身高和手臂的力量，应放在左脚内侧延长线置球线距脚 5 厘米的位置（夹角约 40 度），置球远度约 50 厘米。以肩峰对准球，两眼注视球。

（一）封闭式置球

将球置于左脚尖的前方 2～50 厘米处，不同的动作姿势置球的前后距离不相同。如图 9－1－10。

（二）开放式置球

将球置于左脚前方内侧 5～10 厘米的位置置球。不同的动作姿势，置球前后距离不同。如图 9－1－11。

图 9－1－10 封闭式置球

图 9－1－11 开放式置球

五、瞄球

（一）瞄球是指先选定打球的目标(假想点)，并在头脑中画出一条从球位到目标点假想球线的过程。

（二）瞄球动作要领：将球放在目标线上，找准双脚位置(双脚的连线应平行于目标线)，握杆时杆头应与目标线垂直的过程，也叫平行对准目标，即目标线、两脚连线、球线、杆头等处于平行或垂直状态。

瞄球动作的顺序：

1. 走到球体的后方，观察球的运行路线，确定好方向路线后，到球体的侧面或正面。

2. 确定要采用什么样的动作，然后站好位。

3. 握杆试挥一下杆是否正确，完成挥杆击球前的动作。

如图 9－1－12。

图 9－1－12　瞄球动作

六、击球

击球是指做挥杆时，杆头与球接触的瞬间，这一瞬间决定了球的弹道与方向。击球动作的核心是如何建立左侧的“那堵墙”，就是身体左侧能否顶住。上杆时在身体右侧所形成的所有动作，以身体左侧为轴线全部转向目标。如同释放上紧的发条，将身体右侧积蓄的所有能量都集中到击球瞬间。在击球瞬间，身体的左侧包括左脚、左腿、腰和颈部的左侧都要顶住。

（一）击球动作要领

确定目标线后，站位时应该确认包括杆面、肩膀、腰部、膝盖及双脚是否与目标线平行。

站位时，双膝放松微屈，双手自然下垂握住球杆。站位后，双膝的连线应与双腋下垂线相交。

上身放松，臀部向后顶，直到感觉平衡为止。此时，身体自然往前倾斜，但应保持背部挺直。可以用一根球杆靠在后背的方式来检查身体弯曲是否正确。

弯腰时身体要放松，同时臀部一定要向后顶，如果只是背部向前倾斜，身体就会成“弯虾”形，相反身体僵硬抬起，挥杆时就改变了挥杆轨迹而无法准确击球。

若双脚分开过宽，就给重心移动带来困难，相反，分开过窄则无法保持身体的平衡。

（二）击球动作的要点

双肩的高低也要注意。要想肩部与双臂所形成的倒三角形与目标线平行，右肩必须低于左肩。因为左手在上，右手在下，右肩自然低。如果双肩保持水平，则意味着左肩相对于目标线处于开放的位置，容易造成击球失误。

（三）击球注意的问题

1. 右手手腕的屈腕动作，在击球之前决不能释放。将上杆时积蓄的能量在击球瞬间全部释放。如果提前释放腕部，就会造成手臂挥杆，击球距离缩短且方向性也不好。

2. 击球瞬间，右肩不能跟向目标方向，应该做下沉动作。只有这样才能将身体的重量充分地传递到球上。如果右肩跟向目标，就会出现左拉或右推的现象。

3. 头部的位置也很重要，不管是击球瞬间还是击球完了，头部都要留在后面且眼睛要盯住球位。如果抬头或肩部开放，身体左侧的挥杆轴线就会移动。

每一次的击球都要确认球是否击中杆面的正中央。

如图 9－1－13。

图 9－1－13　击球动作

第二节　基本技术

一、吊球

（一）正面吊球动作

双脚并拢，屈膝半蹲，躯干直立，头部抬起，左手扶球杆，球杆上端紧贴在右锁骨窝处，左手虎口向上，掌心向锁骨处，右手反握，球杆中部掌心向前，两眼注视前方目标点。

（二）侧面吊球动作

两脚左右分开，根据不同姿势动作，做不同距离的吊球姿势。

吊球的分解和组合动作如图9－2－1、图9－2－2。

图9－2－1　吊球分解动作

图9－2－2　吊球组合动作

推杆技术动作

二、推杆

推球时，左手起到引导方向的作用，而右手要控制距离。

尽管推杆类型和握杆的方法很多，但最终功能却完全相同。

推球时为了保证杆头的平行移动，要固定右手，即在整个推杆过程中，右手手腕都不能有弯曲的动作。右手手腕固定住，左手手腕自然就跟着固定住了。

不要过于强调握杆的方法，只要握杆牢靠且自己觉得舒适就是最好的握杆方法。

动作要领：

双脚分开与肩同宽，上身放松弯曲，眼睛在球的上方即可。双肩与手臂共同形成一个五角形，腕部与杆身平行，整个推杆过程都要保持这个姿态。杆头在球推出的方向上平行往复移动。

上身向前弯曲到肩部容易摆动为止，双膝微屈，大腿没有向后拉的感觉。

然后双臂自然下垂握住推杆。双手与身体要保持合适的距离，过近或过远都不利于杆头平行移动、直线击球。

体重略微压向左侧，均匀分布在脚掌内侧。

双肩不是左右移动而是交替上下做钟摆运动。脊柱挺直有利于双肩做钟摆运动，从而保证杆头在推挤线上平行移动。

球位应放在眼睛正下方。球位可以比正下方球位稍微远离身体，但不能太过靠近，因为眼睛会对目标产生错觉。脚尖与球的距离因每个人体形不同而不同，眼睛在球位的正上方时，是比较合适的距离。球位放在中间偏左约 2 个球的左眼正下方。

眼睛不是盯住整个球，而是要盯住球与杆面接触的部位。

正面推杆的分解和组合动作如图 9－2－3、图 9－2－4。

图 9－2－3　正面推杆分解动作

图 9－2－4　正面推杆组合动作

侧面推杆的分解和组合动作如图 9－2－5、图 9－2－6。

图 9－2－5 侧面推杆分解动作

图 9－2－6 侧面推杆组合动作

攻门技术动作

三、攻门

（一）攻门动作

在击球准备动作完成后，肩膀与双臂形成倒三角形，头部转向球门观察球与球门的路线，回到球杆头、球与球门，使三者连成一线。然后再匀速挥杆，向后摆至高点时（根据球门的距离确定后摆的高度）。此时，身体中心轴不变，双肩与平臂相对固定，由双臂做钟摆式动作下杆。下杆至身体中心线时，触及球体一瞬间送杆右腿蹬地，手臂与球杆成直线往前跟进 10～20 厘米，身体稍微后仰，完成攻门动作。如图 9－2－7。

（二）弓步攻门动作

两腿自然分开成弓步动作，右腿在前大腿与小腿弯曲成 90～130 度。右脚在球体右侧，左腿后蹬直或自然弯曲到舒适的位置，躯干直立或前倾，左手握杆于右胸或锁骨窝处，右手可选用正握杆、反握杆或夹杆三种方法中的一种，将球杆垂直于球体后方，然后摆杆将球向前方推送出去。如图 9－2－8。

图 9－2－7　攻门动作

图 9－2－8　弓步攻门动作

四、挥杆

（一）上挥杆

上杆是在完成站位动作姿势后，两手臂开始向后慢慢将球杆向右侧移动，目标线中心轴移向左腿，随着完成挥杆的位移，重心逐步转到右腿上，以脊柱为轴，最大限度转动挥杆到最高点，保持身体中心轴不变，左肩向颈部自然转动，此时头部不变，下颚对准左肩峰，两眼看准球体。

挥杆到最高点时，瞬间完成向上的挥杆的动作。

上杆顶点时，（短杆、中杆、长杆动作）肩肘关节转动的距离、关节弯曲角度不一样。长杆到顶点时，右肩转动 90 度，右臂与前臂弯曲 90 度，左手屈腕与杆身呈 90 度，左肩转到右脚前头，眼睛注视球体，此时向后转肩 90 度，转髋关节向后转动 45 度，右臂肘关节指向地面，转肩越充分挥杆动作越大，下挥杆速度越快。如图 9－2－9。

图 9－2－9　上挥杆动作

（二）下挥杆

上杆到顶点时，通过左肩手臂拉动沿惯性下降运动轨迹，通过肩部、腰部的转动，手臂、手腕快速将杆拉下，完成顺势下挥至击球瞬间的过程。

下挥杆动作在完成上挥杆至顶点时，维持屈腕动作，肩部带动手臂及球杆下降，手腕伸展加速球杆下降，左侧身顶住，重心迅速移向左侧，左腿支撑肩带动腰、髋关节转动，右脚蹬地至前脚掌，球杆沿身体矢状面的目标线前移，右臂伸直，回到击球准备时的姿势，杆头到达击球瞬间的位置。如图 9－2－10。

图 9－2－10　下挥杆动作

（三）送杆

送杆动作要领中比较重要的是重心转移、身体平衡以及能否将杆头彻底挥出去。右臂向目标方向伸直，右手好像要与前方的人握手。这样，右手翻过去的同时，尽量向前伸，杆头才能画出更大的弧度，从而保证击球距离和方向。当然左臂也要伸直。

注意事项：在击球结束后，立刻将右臂弯曲，左臂自然也跟着弯曲，然而上杆幅度却很大。这种不对称的挥杆动作带来的只能是严重的左曲球及界外球。

如果要想强行将球打起来或抬头看球的最终落点，都不可能有收杆动作。木球的收杆动作是靠离心力及挥杆的弹性自然完成的。如图 9－2－11。

图 9－2－11　送杆动作

（四）收杆

收杆动作是在充分完成送杆后，将球杆举起，杆头从左耳与左肩之间翻向身体的后侧。这时90%的体重压在左脚上，双肩转过90度以上，身体指向目标方向。双手位于靠近左耳的位置。

收杆动作，最要强调的是双臂不能僵硬。第一，不要用力握杆。如果用力握杆，整个上杆动作就偏离正确的挥杆平面。第二，左右臂应与地面保持平行，如果倾斜，挥杆平面就发生变化，击球的角度也随之改变。如果右臂向下倾斜，那么挥杆弧度的最低点在球的后面，容易打出挖地球或剃头球。挥杆时，一定要利用左右两个挥杆轴线。上杆时以右腿为挥杆轴线，转动身体并将重心移到右侧；下杆时以左腿为挥杆轴线做出反向运动。收杆动作是靠左侧的挥杆轴线来完成的。如果只利用一个挥杆轴线即脊柱，重心转移就会不够顺畅且击球没有力量。

伸直左臂，收杆动作就极其不自然。所以，应在充分释放能量的基础上完成收杆动作。如图9－2－12。

图9－2－12　收杆动作

五、短杆

（一）短杆是指左臂伸直、上杆上到腰部时，握杆指向目标且杆面指向身体前方。接着是屈腕动作（向拇指方向屈腕），左肩转到下颌，感觉球杆无法再伸直。上到腰部时，转肩已基本结束，接着是屈腕动作，重心转移自然完成。

注意事项：

1.短距离击球只用手臂挥杆即可。挥杆幅度较小的短击球同样需要转肩动作，双臂要夹紧，与肩部保持整体完成挥杆动作。不管挥杆幅度大小，身体都要有反扭的感觉。

2.上杆顶点时的屈腕动作要保持到击球瞬间，与手臂和肩部一起下拉，这样杆头才能位置准确。

正面短杆的分解和组合动作如图9－2－13、图9－2－14。

图 9-2-13　正面短杆分解动作

图 9-2-14　正面短杆组合动作

侧面短杆的分解和组合动作如图 9-2-15 、图 9-2-16。

图 9-2-15　侧面短杆分解动作

图 9－2－16　侧面短杆组合动作

六、中杆

高姿势中杆是击球准备动作完成后，握杆手上挥杆的高度约与肩平行。身体躯干与肩垂直成 90 度，然后肘下拉，手臂快速跟进下杆击球。然后蹬地转髋送杆，此时身体不要起伏，身体前移送杆。

正面中杆的分解和组合动作如图 9－2－17、图 9－2－18。

图 9－2－17　正面中杆分解动作

图 9-2-18　正面中杆组合动作

侧面中杆的分解和组合动作如图 9-2-19、图 9-2-20。

图 9-2-19　侧面中杆分解动作

图 9-2-20　侧面中杆组合动作

七、长杆

高姿势长杆是击球准备动作完成后，握杆手上挥杆至肩上，根据击球距离确定上举杆的高度，如果距离远就要最大限度地将握杆手举至头上及完成长杆的击球动作。

正面长杆的分解和组合动作如图 9-2-21、图 9-2-22。

图 9-2-21　正面长杆分解动作

图 9-2-22　正面长杆组合动作

侧面长杆的分解和组合动作如图 9－2－23、图 9－2－24。

图 9－2－23　侧面长杆分解动作

图 9－2－24　侧面长杆组合动作

第十章 低姿势技术动作

低姿势动作是笔者研发的一种动作姿势。木球运动应该有自己的技术动作特色，不要让人们一看到木球的技术动作，就说是高尔夫的运动。木球本身有它的自身的运动规律，不可能完全照搬照抄别人的东西。因为球具的不同，动作性质就不同。创新理论篇里有详细的力学分解。笔者根据三十年的教学经验，创新了低姿势动作，研究出了它的理论依据，形成了木球运动技术的代表作，为木球运动项目进课堂奠定了基础。孙民治教授看了笔者创新的低姿势动作后，评价它很好地代表了木球运动的发展方向。

低姿势动作已经过多年的实践检验，运动员采用此动作获得过第六届亚洲大学生木球锦标赛的女子团体冠军、第六届世界杯女子团体冠军。实践证明：此动作稳定性好，攻门准确，动作姿势优美，便于体育教学。东南亚一些国家队的队员称赞它为“梁式动作”。

第一节 基本动作

一、动作姿势

两脚站立与肩同宽，两膝自然弯曲 11～130 度，成半蹲姿势，躯干前倾，双手臂握杆自然下垂，两眼注视球体，此时肩峰膝盖与脚尖垂直成一线。如图 10－1－1、图 10－1－2。

图 10－1－1 正面动作姿势

图 10－1－2 侧面动作姿势

二、站位

站位就是准备动作完成以后击球前身体的姿势及双脚站的位置。身体姿势及双脚站的位置不同就产生了不同的动作姿势及站法。

（一）平行式站位

两脚自然分开向内与肩同宽，脚尖向前，两膝自然弯曲，上体稍微前倾，背部放松，两臂自然下垂两手握杆，使握杆手臂、肩成倒三角形，左肩稍高于右肩，尽量保持平行，此动作主要用于推杆、短杆和攻门。如图 10－1－3。

（二）开放式站位

两脚自然分开，两脚向外展 5～10 度，两膝关节弯曲，上身放松，臀部向后抬起，稳定身体重心，双手臂自然下垂握球杆。这种站位主要是用于长杆，有利于转体增大挥杆距离。如图 10－1－4。

图 10－1－3　平行式站位

图 10－1－4　开放式站位

三、握杆

（一）紧贴式握杆

左手握杆上端（似握拳形式），右手握杆下端，两手握杆，虎口向前下方。如图 10－1－5。

（二）分开式握杆

两手握杆距离分开 10 厘米左右，使用十指握杆方法。如图 10－1－6。

（三）自然式握杆

双手握杆采用十指握杆方法，十指自然分开。如图 10－1－7。

图 10－1－5　紧贴式握杆

图 10－1－6　分开式握杆

图 10－1－7　自然式握杆

四、 置球

置球位置是否合适是击球的关键。置球的远近是关系到成功率的重要环节。应该将球置放在左脚脚跟的延长线上，离身体的距离视个人的情况而定。一般在离左脚尖内侧前 30～40 厘米。离身体太近不便于挥杆，离身体太远不便于控制球，容易改变挥杆的运行轨迹。关于长、中、短杆和推杆的置球，我们在实践中根据高、低姿势实践运用如下：长杆置球根据运动员自我身高和手臂的力量，应放在左脚内侧延长线置球线距脚 5 厘米的距离（夹角约 40 度），置球远度约 50 厘米。以肩峰对准球，两眼注视球。

（一）封闭式置球

将球置于左脚尖的前方 2～50 厘米处，根据不同的动作姿势置球的前后距离不相同。如图 10－1－8。

（二）开放式置球

将球置于左脚前方内侧 5～10 厘米的位置置球。根据不同的动作姿势，置球前后距离不同。如图 10－1－9。

两种不同置球方式的对比如图 10－1－10。

图 10－1－8　封闭式置球

图 10－1－9　开放式置球

图 10－1－10　侧面封闭式与开放式置球对比

五、 瞄球

（一）蹲式

将球头放在球体的后面，使球杆垂直于地面，距离球体中心点 1 厘米左右。球杆上端垂直中心线，球杆头中心点与球体中心点同在一个垂直线上，手扶球杆身体下蹲或弓步，两眼通过杆柄头与酒杯连成一线，球杆不动，然后做好姿势静下心来挥杆。如图 10-1-11。

（二）站式

运动员将球杆放在球体后的地面上，球杆头距球 1 厘米，球杆垂直于地面，两脚并拢站在杆尾后，使球杆与身体中心轴线吻合对准球门，两眼目视酒杯在脑海里形成一个虚拟的目标线，球杆不动，然后站好位置静下心来，平稳挥杆。如图10-1-12。

（三）瞄球前动作

用杆柄瞄球方法确定视线的目标点，再用杆头瞄球，增强瞄球的准确性，再选用动作姿势，静下心来慢慢将杆挥起。如图 10-1-13。

图 10-1-11　蹲式瞄球

图 10-1-12　站式瞄球

图 10-1-13　瞄球前动作

六、击球

（一）正面击球姿势

身体正面站立式弓步动作姿势完成，瞄球确定准确目标点后，平稳地将杆慢慢提起，沿击球的后方向缓慢上挥，挥杆的距离根据击球的距离长短而确定挥球杆的高低，挥杆至顶点时，下挥杆使球杆头向击球方向运动。两手臂放松，手腕快速跟进，身体各部位协调配合，两眼始终注视球线，在下杆杆头中心点击打球体的后端的中心点时，蹬地送髋，增加球向前滚动的距离和平稳性。如图 10－1－14。

（二）侧击球姿势

面对球体，两脚左右开立于球体的两侧，两脚与肩同宽，把球置于两脚中间线前 15～30 厘米或将球置于左脚尖前 10～20 厘米处两臂自然下垂，左手握在杆柄的上端，右手握在左手下面。虎口向前瞄准目标点后，挥杆向右后上方，下杆时，使球杆头中心线与球体中心线和击球方向吻合，击球时向前跟进蹬地转髋前杆。如图 10－1－15。

图 10－1－14 正面击球

图 10－1－15 侧击球

第二节 基本技术

一、吊球

吊球就是将没有攻门角度的球和不利于击球的球调整到理想的位置，以便于下次攻门和击球。

（一）侧面吊球动作

两脚自然分开，身体前倾，臂部抬起，两臂自然下垂，慢慢向右挥杆，杆的距离决定了吊球的长短，吊球距离越短握杆越短，将球杆头的中心点对准球体后面的中心点。吊球时眼睛注视球体和所吊的目标点，集中精力在手上，使球杆轻轻向右后方摆 20～30 厘米，然后向左跟进。此吊球动作可以用球杆的小头进行近距离或门前吊动。如图 10－2－1。

（二）正面吊球动作

两腿自然分开成弓步动作，右腿在前，大腿与小腿弯曲成 90～130 度。右脚在球体右侧，左腿后蹬直或自然弯曲到舒适的位置，躯干直立或前倾，左手握杆于右胸或锁骨窝处，右手可用正握杆、反握杆或夹杆。将球杆垂直于球体后方，然后摆杆将球向前方推送出去。也可并拢双脚，两膝弯曲弓腰前倾，抬头，两眼注视目标及球体。如图 10－2－2。

图 10-2-1　侧面吊球动作

图 10-2-2　正面吊球协作

二、推杆

直臂后摆和臂前摆击球送杆完成的短距离持续动作。推杆有两种：正面、侧面推杆和正弓步推杆。

(一) 正面、侧面推杆

两脚自然分开稍与肩同宽，双膝自然弯曲，臂部抬起，腰部放松，身体稍微前倾 15 度左右，右臂部伸直，两臂手握球杆柄部，手臂与肩部呈倒三角形，将球杆头中心点对准球中心点的后部，头部目视目标点后移至球体，然后两手臂沿身体正切面向右侧后摆距 30～40 厘米。身体中心轴不变再送摆，击球时右脚蹬地至前脚掌转髋送杆，直臂前摆 45 度左右。

正面、侧面推杆的分解和组合动作如图 10-2-3—图 10-2-6。

图 10-2-3　正面推杆分解动作

图 10-2-4　正面推杆组合动作

图 10-2-5　侧面推杆分解动作

图 10-2-6　侧面推杆组合动作

弓步推杆动作

（二）正弓步推杆

两腿自然分开成弓步动作，右腿在前，大腿与小腿弯曲成 90～130 度。右脚在球体右侧，左腿后蹬直或自然弯曲到舒适的位置，躯干直立或前倾，左手握杆于右胸或锁骨窝处，右手可选用正握杆、反握杆或夹杆，将球杆垂直于球体后方，然后将球向前方推送出去。

正弓步推杆的分解和组合动作如图 10-2-7、图 10-2-8。

图 10-2-7　正弓步推杆分解动作

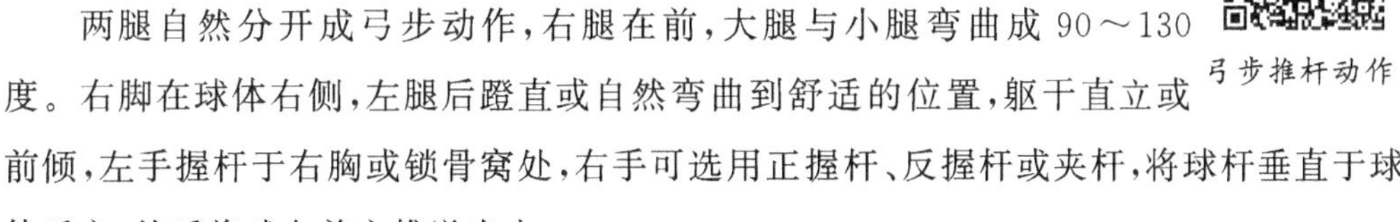

图 10-2-8　正弓步推杆组合动作

三、攻门

两腿自然分开成弓步动作，右腿在前，大腿与小腿弯曲成 90～130 度。右脚在球体右侧，左腿后蹬直或自然弯曲到舒适的位置，躯干直立或前倾，左手握杆于右胸或锁骨窝处，右手可选用正握杆、反握杆或夹杆三法的一种，将球杆垂直于球体后方，然后将球向前方推送出去。

攻门的分解和组合动作如图 10-2-9、图 10-2-10。

图 10-2-9　攻门分解动作

图 10-2-10　攻门组合动作

四、挥杆

(一) 上挥杆

上挥杆击球动作完成后，两手握杆向右上方缓缓挥起。

上杆顶点就是挥杆到最高点时，瞬间完成向上的挥杆的动作。

上杆顶点时，(短杆、中杆、长杆动作)肩肘关节转动的距离、关节弯曲角度不一样，长杆到顶点时，右肩转动 90 度，右臂与前臂弯曲 90 度，左手屈腕与杆身呈 90 度，左肩转到右脚前头，眼睛注视球体，此时向后转肩 90 度，转髋关节向后转动 45 度，右臂肘关节指向地面，转肩越充分挥杆动作越大，下挥杆速度越快。如图 10－2－11。

(二) 下挥杆

上杆到顶点时，下杆通过左肩手臂拉动沿惯性下降运动轨迹，通过肩部、腰部的转动，手臂、手腕快速将杆拉下，完成顺势下挥至击球瞬间的过程。

下挥杆动作在完成上挥杆至顶点时，维持屈腕动作，肩部带动手臂及球杆下降，手腕伸展加速球杆下降，左侧身顶住，重心迅速移向左侧，左腿支撑肩带动腰、髋关节转动，右脚蹬地至前脚掌，球杆沿身体矢状面的目标线前移，右臂伸直，回到击球准备时的姿势，杆头到达击球瞬间的位置。如图 10－2－12。

图 10－2－11　上挥杆动作

图 10－2－12　下挥杆动作

(三) 送杆

送杆动作是击球过程中，身体重心转移，右臂向目标方向伸直，右手腕外翻左臂，尽量向前伸 20～30 厘米，蹬地转髋，身体转向球门或目标方向。

在击球的瞬间为增加击球后球的运动距离和力量，使手臂有意识地向前推送，好像球粘在杆头与杆一起挥出一样，送杆的好坏直接关系到球的运行距离。如图 10－2－13。

(四) 收杆

收杆动作就是在充分完成送杆后，将球杆顺势缓冲举起，转体 90 度使杆从左肩之间上翻向后背，握杆柄的手收到近左耳的上方，双臂弯曲于左肩上成背杆动作，此时身体重心压在左腿上，身体上仰，右脚尖撑地，身体直立自然协调完成收杆动作。如图 10－2－14。

图 10－2－13　送杆动作

图 10－2－14　收杆动作

短杆技术

五、短杆

低姿势短杆就是在推杆不能达到所需要的距离时，为了将球打到理想的目标点，增加挥杆的工作距离所采用的动作。手臂和杆头向后方挥起的高度与地面成45度左右。

站位动作完成以后，球杆握把后端指向肚脐位置，挥杆时杆头平面与地面平移，不要提杆或太高。肩、臂、手及球杆要保持向钟摆的一体运动。肩部与双臂形成一个倒三角，摆到右侧45度左右的高点。双脚、双腿稳定重心，保持身体放松，然后下杆以身体脊柱为轴心送杆，收杆完成短杆动作。

正面短杆的分解和组合动作如图10-2-15、图10-2-16。

图10-2-15　正面短杆分解动作

图10-2-16　正面短杆组合动作

侧面短杆的分解和组合动作如图 10－2－17、图 10－2－18。

图 10－2－17 侧面短杆分解动作

图 10－2－18 侧面短杆组合动作

六、 中杆

低姿势中杆就是挥杆距离 30～50 厘米，为了将球击打到所需要的目标点，在原短杆的基础上，将手臂和杆头举到与右肩平行的位置，使手臂与躯干呈 90 度直角的位置，使球杆垂直于地面。

动作要领：在原短杆站位挥杆的基础上，中杆的握杆手与右肩平行，球杆垂直或侧斜右上方，手臂弯曲，左臂和手腕与杆面形成屈腕动作。

正面中杆的分解和组合动作如图 10－2－19、图 10－2－20。

图 10－2－19　正面中杆分解动作

图 10－2－20　正面中杆组合动作

低姿势侧面中杆的分解和组合动作如图 10－2－21、图 10－2－22。

图 10－2－21　侧面中杆分解动作

图 10-2-22　侧面中杆组合动作

七、长杆

低姿势长杆就是挥杆到顶点，手、脚在右侧肩的上方，双手略高于头，长杆击球距离50米以上，动作挥杆最高点时，右臂弯曲90度，双肩连线与左臂构成15～20度，同时右臂肘关节指向地面，左肩转到右脚前方，肩转动90度以上，髋关节转动45度。双眼注意球体，准备下杆。

正面长杆的分解和组合动作如图10-2-23、图10-2-24。

图 10-2-23　正面长杆分解动作

图 10-2-24　正面长杆组合动作

侧面长杆的分解和组合动作如图 10-2-25、图 10-2-26。

图 10-2-25　侧面长杆分解动作

图 10-2-26　侧面长杆组合动作

第十一章　直立式技术动作

直立式动作是笔者在 2006 年开始教木球动作时研究出来的一套动作。当时，笔者是从“木球运动是介于高尔夫与门球之间的一种运动”的简介中得到启发而创新出来的。

2006 年 7 月，笔者到宁波党校去看门球比赛，看到那些老年人挥杆、击球、碰击球、跳球动作都十分准确，吊球、推杆也都非常到位。笔者仔细观察后认为，既然门球中有人用高尔夫球的动作，那木球中也可以用门球的动作，规则中也没有规定用哪种动作，只是限制了不准双胯下击球，那就不用门球胯下击球动作。这样学生容易掌握，教师也易于教授。回校后，笔者便成立了木球队，训练三个多月后，带领球队去泰国参加了第二届世界大学木球锦标赛：预赛成绩第三，赢韩国六杆；决赛时适逢暴雨，积水很深，因队员没有打水球的经验，决赛输给了韩国；最终喜摘男子团体第四名。陈琳琳运用此动作获得 2013 年世界木球巡回赛年度总冠军。

第一节　基本动作

一、动作姿势

两脚站立，稍宽于肩，两腿直立，臂部抬起，腰部挺起，躯干前俯 5 度左右，两手臂自然下垂，两眼注视球体。

二、站位

（一）平行式站位

两脚宽度略小于肩宽，两腿蹬直，臀后抬腰部直挺立。躯干直立式前倾，身体重心放在双脚上。如图 11－1－1。

（二）开放式站位

两脚自然分开，脚尖外展式站法是两脚向外展 5～10 度，两膝关节弯曲，上身放松，臀部向后抬起，稳定身体重心，双手臂自然下垂握球杆，主要是用于长杆，有利于转体增大挥杆距离。如图 11－1－2。

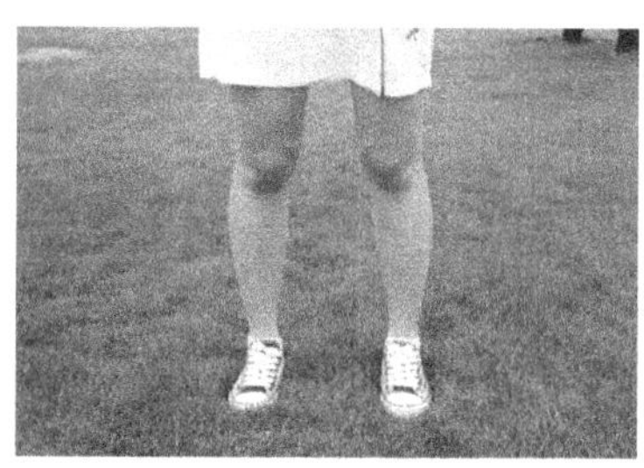
图 11-1-1　平行式站位

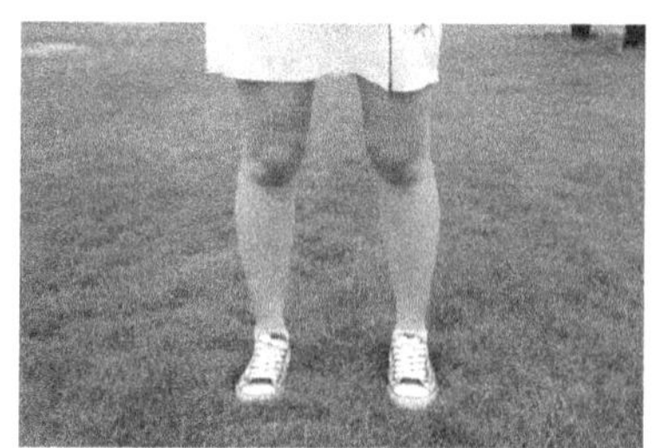
图 11-1-2　开放式站位

三、握杆

攻门是近距离的推球，球杆摆动的弧度有限，对稳定性的要求很高，需精力集中，两眼注视球与门，平稳前送球杆。采用直立式握法，双手能够与球杆吻合，主要方式有：

（一）紧贴式握杆

两手握杆的距离接近，左手握杆上端（似握拳形式），右手握杆的下端，两手握杆虎口向前下方。如图 11-1-3。

（二）分开式握杆

两手握杆分开 5 厘米左右，使用十指握杆方法。图 11-1-4。

（三）自然式握杆

双手握杆采用十指握杆方法，十指自然分开。如图 11-1-5。

图 11-1-3　紧贴式握杆

图 11-1-4　分开式握杆

图 11-1-5　自然式握杆

四、置球

两脚中间前方 10～30 厘米处置球。

（一）封闭式置球

将球置于左脚尖的前方 20～30 厘米处，根据不同的动作姿势，置球的前后距离不相同。如图 11-1-6。

（二）开放式置球

将球置于右脚前方的内侧 5～10 厘米处靠近右脚内侧延长线，根据不同的动作姿势，置球的前后距离不同。如图 11-1-7。

图 11-1-6 封闭式置球

图 11-1-7 开放式置球

五、瞄球

（一）侧面动作瞄球

两脚自然分开，两脚站立宽于肩，两手握杆使杆头、球与球门酒瓶连成一线。如图 11-1-8。

（二）正面动作瞄球

右腿成弓步动作，或双脚并拢直立瞄球，将球杆、瓶头、球连成一线。如图 11-1-9。

图 11-1-8 侧面动作瞄球

图 11-1-9 正面动作瞄球

六、击球

利用球杆摆动的力量，沿着球滚动方向击球，是攻门击球的根本法则。

以脊椎为中心轴，双臂犹如摆动的钟摆，向其左右两边摆动，用摆动的力量将球击出。摆动时，双手的手臂维持瞄准时与肩形成的角度，击球时以肩膀为支点摆动双臂，将球直直地击出。如图 11-1-10。

图 11-1-10 击球动作

第二节　基本技术

一、吊球

（一）正面吊球

双脚并拢，屈膝半蹲，躯干直立，头部抬起左手扶球杆上端，紧贴在右锁骨窝处，左手虎口向上，掌心向锁骨处，右手反握球杆中部（掌心向前），两眼注视前方目标点。如图 11－2－1。

（二）侧面吊球

两脚自然分开，宽于肩，两腿直立，臂部向后抬起，身体前俯，双臂握杆自然下垂。低头两眼注视球体，然后慢慢向右侧面挥杆，然后下挥杆，送杆，根据吊球的距离，控制挥杆的力量。如图 11－2－2。

图 11－2－1　正面吊球动作

图 11－2－2　侧面吊球动作

（三）小头吊球

近距离的轻吊球，根据动作不同采用不同的技术动作。如图 11－2－3。

（四）并脚吊球

如图 11－2－4。

图 11－2－3　小头吊球动作

图 11－2－4　并脚吊球动作

二、推杆

直立式推杆时，身体直立，臀部后抬，身体前倾角度大一点，挥杆时平稳且不要太高，保持在 30～40 厘米左右，下杆时按运动轨迹逐步加速到身体中心轴时，右脚蹬地送髋关节，双臂随杆向前摆出与左侧 40 度左右。

正面推杆的分解和组合动作如图 11－2－5、图 11－2－6。

图 11－2－5　正面推杆分解动作

图 11－2－6　正面推杆组合动作

侧面推杆的分解和组合动作如图 11－2－7、图 11－2－8。

图 11－2－7　侧面推杆分解动作

图 11－2－8　侧面推杆组合动作

三、攻门

攻门动作在击球准备动作完成后，肩膀与双臂形成倒三角形，头部转向球门，观察球与球门的路线，使球杆头、球与球门三者连成一线。然后再匀速挥杆，向后摆至高点(根据球门的距离确定后摆的高度)。此时，身体中心轴不变，双肩与双臂相对固定，由双臂做钟摆式动作下杆。下杆至身体中心线时，触及球体一瞬间送杆，右腿蹬地，手臂与球杆成直线往前跟进10～20厘米，身体稍微后仰，完成攻门动作。如图11-2-9。

图11-2-9 攻门动作

四、挥杆

(一)上挥杆

上杆顶点就是挥杆到最高点时，瞬间完成向上挥杆的动作。

上杆顶点时，(短杆、中杆、长杆动作)肩肘关节不转动，直臂挥到最高点，关节不弯曲，长杆到顶点时，眼睛注视球体。如图11-2-10。

(二)下挥杆

上杆到顶点时，下杆通过左肩手臂拉动沿惯性下降运动轨迹，通过肩部、腰部的转体，手腕快速跟进，完成顺势下挥至击球瞬间的过程。

下挥杆动作是在完成上挥杆至顶点时，维持屈腕动作，肩部带动手臂及球杆下降，手腕伸展加速球杆下降，左侧身顶住，重心迅速移向左侧，左腿支撑肩带动腰、髋关节转动，右脚蹬地至前脚掌，球杆沿身体矢状面的目标线前移，右臂伸直，回到击球准备时的姿势，杆头到达击球瞬间的位置。如图11-2-11。

图 11－2－10 上挥杆动作

图 11－2－11 下挥杆动作

（三）送杆

送杆动作要领中比较重要的是重心转移、身体平衡以及能否将杆头彻底送出去。击球后的躯干和手臂向目标方向伸直，手好像要与前方的人握手。这样，手翻过去的同时，尽量向前伸，杆头才能画出更大的挥杆弧度，从而保证击球距离和方向。

注意事项：在击球时，手臂与杆始终成一条直线，钟摆动作前，只是蹬地转髋，中心轴不做大的转动。如图 11－2－12。

（四）收杆

收杆动作是在充分完成送杆后，将球杆举起，高于肩。这时 90％的体重压在左脚上，身体面向目标方向。

收杆动作，最重要的是双臂不能僵硬。第一，不要用力握杆。如果用力握杆，整个上杆动作就偏离正确的挥杆平面。第二，左右臂应与地面保持平行，上杆时以右腿为挥杆轴线，转动身体并将重心移到右侧；下杆时以左腿为挥杆轴线做出反应运动。收杆动作是靠左侧的挥杆轴线来完成的。如果只利用一个挥杆轴线即脊柱，难免重心转移不够顺畅且击球没有力量，收杆动作就极其不自然。所以，应在充分释放能量的基础上完成收杆动作。如图 11－2－13。

图 11－2－12 送杆动作

图 11－2－13 收杆动作

五、短杆

两脚自然分开，两腿直立，手臂持球杆向右上方 45 度摆起，右臂直摆 45 度，握杆的手臂摆到左肩的一半，然后下挥杆蹬地转髋，球杆头触及球时积极前送，伸直两臂。

优点：击球时身体不上下起伏，不容易击空球和刨地球；身体前倾，下肢不能蹬地转髋；身体后仰，击球时不容易向右侧偏离球道；挥杆转体不大容易击中球；击球时在一个平面，击球时不容易造成左右偏离球道。

正面短杆的分解和组合动作如图 11－2－14 、图 11－2－15。

图 11－2－14　正面短杆分解动作

图 11－2－15　正面短杆组合动作

侧面短杆的分解和组合动作如图 11－2－16、图 11－2－17。

图 11-2-16　侧面短杆分解动作

图 11-2-17　侧面短杆组合动作

六、中杆

两脚自然分开，两腿直立，手臂持球杆向右上方直臂挥起，右臂不弯曲上举，然后下挥杆，球杆头触及球时积极前送，两臂伸直与左肩平行。

优点：击球时身体不上下起伏，容易击出地滚球；身体不后仰，击球不会偏离球道；挥杆转体不大，易击中球；击球时在一个平面，击球时不容易造成左右偏离球道。

正面中杆的分解和组合动作如图 11-2-18、图 11-2-19。

图 11-2-18　正面中杆分解动作

图 11-2-19　正面中杆组合动作

侧面中杆的分解和组合动作如图 11-2-20、图 11-2-21。

图 11-2-20　侧面中杆分解动作

图 11-2-21　侧面中杆组合动作

七、长杆

两脚自然分开，两腿直立，手臂持球杆向右肩上方举起，右臂上举于肩上方，握杆的手在右肩上，然后下挥杆，球杆头触及球时积极前送，两臂伸直于左肩上。

优点：击球时身体不上下起伏，容易击直道球和长距离障碍球；引杆转体不大，击球时在一个平面，击球时不容易造成左右偏离球道。

正面长杆的分解和组合动作如图 11－2－22、图 11－2－23。

图 11－2－22　正面长杆分解动作

图 11－2－23　正面长杆组合动作

侧面长杆的分解和组合动作如图 11－2－24、图 11－2－25。

图 11－2－24　侧面长杆分解动作

图 11－2－25　侧面长杆组合动作

第十二章 自然式技术动作

自然式动作是笔者在教学和训练中发明的动作。笔者在教男同学采用低姿势动作时，发现部分同学未能掌握动作，形成了他们自己认为最方便、最舒服的动作。询问学生的感觉，他们说是自然形成的。既然是人的习惯动作，那它必然符合人体运动规律。笔者把自然动作与其他动作比较，并做出大幅度纠正，得出自然式动作的优势：除挥长杆以外，其他的差值并不明显，但在对部分动作进行纠正以后，这种动作的得球成功率很高。

通过实践验证，自然式动作成绩斐然，邓克洲凭借此动作获得了全国冠军、亚洲亚军和世界大赛第五名的好成绩，此动作就成为笔者创新动作中的一个重要动作。

第一节 基本动作

一、动作姿势

两脚站立宽于肩，两膝自然弯曲或直立，臀部抬起，弯腰，身体前俯 50～60 度，两手臂自然下垂稍向前伸，以自然感觉舒服为宜。正面、侧面姿势如图 12-1-1、图 12-1-2。

图 12-1-1 正面动作姿势

图 12-1-2 侧面动作姿势

二、站位

（一）平行式站位

双脚平行站立，两腿蹬直，两脚宽度略小于肩宽，臀部后抬，腰部前俯。双脚尖朝向正前方。双脚采用左脚外展的开放式，双肩放松微微弯曲，上体略微前倾，身体重心放在双脚上。如图 12-1-3。

（二）外展式站位

两脚自然分开，两脚向外展 5～10 度，两膝关节弯曲，上身放松，臀部向后抬起，稳定身体重心，双手臂自然下垂握球杆，主要是用于长杆，有利于转体增大挥杆距离。如

图 12－1－4。

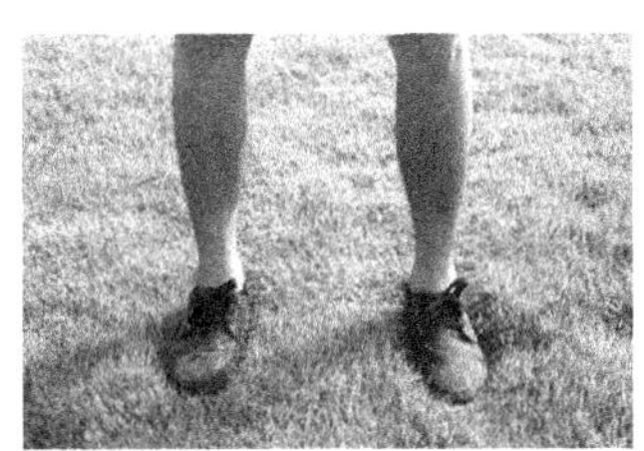

图 12－1－3 平行式站位

图 12－1－4 外展式站位

三、握杆

（一）自然式握杆

左手握杆上端，四指握杆大拇指伸直朝下，扶于杆上，右手握杆在下端，四指握杆，食指伸直向下附于杆的背面或侧面。如图 12－1－5。

（二）分开式握杆

两手握杆分开 10 厘米左右，使用十指握杆方法。如图 12－1－6。

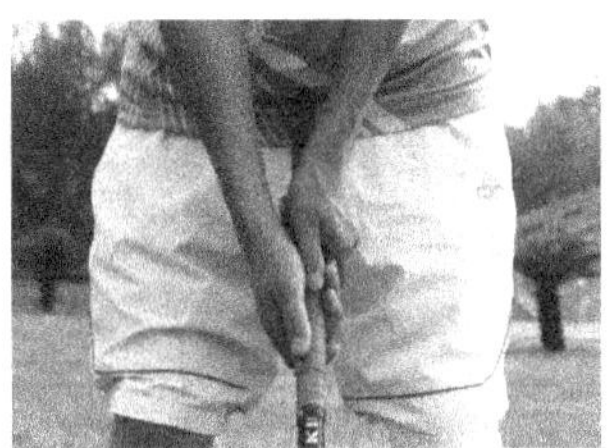

图 12－1－5 自然式握杆

图 12－1－6 分开式握杆

四、置球

（一）封闭式置球

将球置于左脚尖的前方 2～50 厘米处，根据不同的动作姿势置球的前后距离也不相同。如图 12－1－7。

（二）开放式置球

将球置右脚前方的内侧 5～10 厘米处靠近右脚内侧延长线位置，根据动作姿势，确定前后置球位置。如图 12－1－8。

图 12－1－7 封闭式置球

图 12－1－8 开放式置球

五、 瞄球

瞄球是指先选定打球的目标(假想点),并在头脑中画出一条从球位到目标点的假想球线。

(一) 动作要领

将球放在目标线上,找准双脚位置(双脚的连线应平行于目标线),握杆时杆头应与目标线垂直,也叫平行对准目标,即目标线、两脚连线、球线、杆头等处于平行或垂直状态。这是瞄球的基本姿势。

(二) 瞄球动作的顺序

1. 走到球体的后方,观察球的运行路线,确定好方向路线后,到球体的侧面或正面。

2. 确定要采用什么样的动作,然后站好位。

3. 握杆试挥一下,完成挥杆击球前的动作。

如图 12-1-9。

图 12-1-9 瞄球动作

六、 击球

击球是指做挥杆时,杆头与球接触的瞬间,这一瞬间决定了球的弹道与方向。击球动作完成时,身体左侧要顶住。上杆时在身体右侧形成所有动作,以身体左侧为轴线全部转向目标。身体的左侧包括左脚、左腿、腰和颈部的左侧都要顶住。

(一) 击球动作要领

确定目标线后,站位时应该确认包括杆面、肩膀、腰部、膝盖及双脚是否与目标线平行。

站位时,双腿弯曲放松微屈,躯干前俯,双手自然下垂握住球杆。站位后,双膝的连线应与双腋下垂线相交。

上身放松,臀部向后顶,直到感觉平衡为止。此时,身体自然往前倾斜。

若双脚分开过宽,就会给重心移动带来困难,相反,分开过窄则无法保持身体的平衡。

（二）击球动作要点

双肩的高低也要注意。要想肩部与双臂所形成的倒三角形与目标线平行，右肩必须低于左肩。因为左手在上、右手在下，右肩自然低于左肩。如果双肩保持水平，则意味着左肩相对于目标线处于开放的位置，容易造成击球失误。

（三）击球注意问题

1. 右手手腕的屈腕动作，在击球之前绝不能释放，将上杆时积蓄的能量在击球瞬间全部释放。如果提前释放腕部，就会造成手臂挥杆，击球距离缩短且方向性也不好。

2. 击球瞬间，右肩不能跟向目标方向，应该做下沉动作。只有这样才能将身体的重量充分传递到球上。如果右肩跟向目标，就会出现左拉或右推的现象。

3. 头部的位置也很重要，不管是击球瞬间还是击球完了，头部都要留在后面且眼睛要盯住球位，每一次的击球都要确认球是否击中杆面的正中央。

如图 12－1－10。

图 12－1－10　击球动作

第二节　基本技术

一、吊球

击球是指做挥杆时，杆头与球接触的瞬间，这一瞬间决定了球的弹道与方向。击球动作完成时，身体左侧要顶住。上杆时在身体右侧形成所有动作，以身体左侧为轴线全部转向目标。将身体右侧所有能量都集中到击球瞬间。在击球瞬间，身体的左侧包括左脚、左腿、腰和颈部的左侧都要顶住。击球动作要领：

确定目标线后，站位时应该确认包括杆面、肩膀、腰部、膝盖及双脚是否与目标线平行。

站位时，双膝放松微屈，双手自然下垂握住球杆。站位后，双膝的连线应与双腋下垂线相交。

上身放松，臀部向后顶，直到感觉平衡为止。此时，身体自然往前倾斜，但应保持背部挺直。

弯腰时身体要放松，同时臀部一定要向后顶，如果只是背部向前倾斜，身体就会成“弯虾”形，相反身体僵硬抬起，挥杆时就改变了挥杆轨迹而无法准确击球。

若双脚分开过宽，就给重心移动带来困难，相反，分开过窄则无法保持身体的平衡。

侧面吊球时，两脚左右分开，根据不同姿势动作，做不同距离的吊球姿势，近距离如图 12-2-1。

图 12-2-1　吊球动作

二、 推杆

动作要领：

推球时，左手起到引导的作用，而右手要控制距离。尽管推杆类型和握杆的方法很多，但最终功能却完全相同。推球时为了保证杆头的平行移动，要固定右手左肩，即在整个推杆过程中，右手手腕都不能有弯曲的动作。右手手腕固定住，左手手腕自然就跟着固定住了。

不要过于强调握杆的方法，只要握杆牢靠且自己觉得舒适就是最好的握杆方法。

双脚分开与肩同宽，上身放松弯曲，眼睛在球的上方即可。双肩与手臂共同形成一个三角形，腕部与杆身平行，整个推杆过程都要保持这个姿态。杆头在球推出的方向上平行往复移动。

上身向前弯曲到肩部容易摆动为止，双膝微屈，大腿没有向后拉的感觉。然后双臂自然下垂握住推杆。双手与身体要保持合适的距离，过近或过远都不利于杆头平行移动。

体重略微压向左侧，均匀分布在脚掌内侧。

双肩不是左右移动而是交替上下做钟摆运动。脊柱挺直有利于双肩做钟摆运动，从而保证杆头在推挤线上平行移动。

球应放在眼睛正下方。球可以稍微远离身体，但不能过于靠近，因为眼睛会对目标产生错觉。

眼睛不是盯住整个球，而是要盯住球与杆面接触的部位。

正面推杆的分解与组合动作如图 12－2－2、图 12－2－3。

图 12－2－2　正面推杆分解动作

图 12－2－3　正面推杆组合动作

侧面推杆的分解与组合动作如图 12－2－4、图 12－2－5。

图 12－2－4　侧面推杆分解动作

图 12－2－5　侧面推杆组合动作

三、攻门

自然式动作的攻门动作姿势是双臂与手握杆成斜面的三角形，后引杆式向后转体，成半圆弧形，然后形成前引杆、送杆的攻门。

攻门的分解和组合动作如图 12－2－6、图 12－2－7。

图 12－2－6　攻门分解动作

图 12－2－7　攻门组合动作

四、挥杆

（一）上挥杆

上杆顶点就是挥杆到最高点时，此时右肩后的侧面为最高点，沿着斜平面运动轨迹，瞬间完成向上挥杆动作。如图 12－2－8。

（二）下挥杆

上杆到顶点时，通过左肩手臂拉动沿惯性下降运动轨迹，通过肩部、腰部的转动，手臂、手腕快速将杆拉下，完成顺势下挥至击球瞬间的动作。

下挥杆动作在完成上挥杆至顶点时，维持屈腕动作，肩部带动手臂及球杆下降，手腕伸展加速球杆下降，左侧身顶住，重心迅速移向左侧，左腿支撑肩带动腰、髋关节转动，右脚蹬地至前脚掌，球杆沿身体矢状面的目标线前移，右臂伸直，回到击球准备时的姿势，杆头到达击球瞬间的位置。如图 12-2-9。

图 12-2-8　上挥杆动作

图 12-2-9　下挥杆动作

（三）送杆

送杆动作要领中比较重要的是重心转移、身体平衡以及能否将杆头彻底挥出去。球后的身体姿势为右臂向目标方向伸直，右手好像要与前方的人握手。这样，右手翻过去的同时，尽量向前伸，杆头才能画出更大的挥杆弧度，从而保证击球距离和方向。当然左臂也要伸直。如图 12-2-10。

（四）收杆

收杆动作是在充分完成送杆后，将球杆举起向左侧斜面为止，身体指向目标方向，双手位于靠近左耳的位置。收杆动作，最重要的是双臂不能僵硬。第一，收杆时左右手臂自然弯曲。第二，左右臂应与地面保持平行，如果倾斜，收杆平面就发生变化。伸直左臂，收杆动作就极其不自然。所以，应在充分释放能量的基础上完成收杆动作。如图 12-2-11。

图 12-2-10　送杆动作

图 12-2-11　收杆动作

五、短杆

自然式动作是后斜面引杆的运动轨迹，它是由两个运动轨迹完成的，也可以把它归纳为引杆的前期预摆动作，是进入前斜面的一个运动轨迹。它的引杆不超过身体的中心线，即构成短杆技术。

正面短杆的分解和组合动作如图 12-2-12、图 12-2-13。

图 12-2-12　正面短杆分解动作

图 12-2-13　正面短杆组合动作

侧面短杆的分解和组合动作如图 12-2-14、图 12-2-15。

图 12-2-14　侧面短杆分解动作

图 12-2-15 侧面短杆组合动作

中杆技术

六、中杆

自然式动作后引杆是躯干转动向后，转体超过身体的假设垂直线 15～20 度，即构成了自然式的中杆动作姿势。

正面中杆的分解和组合动作如图 12-2-16、图 12-2-17。

图 12-2-16 正面中杆分解动作

图 12-2-17 正面中杆组合动作

侧面中杆的分解和组合动作如图 12－2－18、图 12－2－19。

图 12－2－18　侧面中杆分解动作

图 12－2－19　侧面中杆组合动作

七、长杆

自然式的长杆是身体向后转体 20～35 度，转体的幅度是比较大的。这时，两脚不动，只有膝、髋、腰、肩关节的一体化的转动运动，使转体满弓，形成超越器械，然后，下挥杆、送杆、收杆完成自然式动作。

正面长杆的分解和组合动作如图 12－2－20、图 12－2－21。

图 12-2-20 正面长杆分解动作

图 12-2-21 正面长杆组合动作

侧面长杆的分解和组合动作如图 12-2-22、图 12-2-23。

图 12-2-22 侧面长杆分解动作

图 12-2-23 侧面长杆组合动作

第五篇

学术研究篇

第十三章 高姿势技术动作的整合与创新

1990—1992 年是木球球具场地研发的时间,但木球技术动作的产生时间没有相关资料。笔者查阅有关资料,只有《木球手册》中可以查到一些信息,且前后再版均有出入。第一版中,翁明辉先生自述的前言中有这样一段话:“我们是以微薄的力量做抛砖引玉工作,在幸运地获得台北护理学院朱寿惠校长的认同并热心推动下,台湾大专院校体育总会木球委员于 1994 年 10 月 28 日成立,由护理学院体育室主任张添福任总干事,邀请学术界和体育界人士参与研发推广,开创了木球运动的新局面。”

由此考究得出在 1994 年 10 月 28 日成立木球委员会后,翁明辉邀请学术界和体育界人士参与研发和推广工作。第一版作者简介中有台北护理学院体育室主任张添福、讲师黄俊清,实践设计管理学院体育室主任洪大程,台北商业大学(旧称台北商专)体育室讲师兼夜间部教务组长黄晋扬,东吴大学体育室讲师谭彦。他们编写了《木球手册》,但只是作为宣传册。可能这是《木球理论》的雏形。1995 年第四版的再版中,明确注明了:总编辑张添福,主编黄俊清,编辑洪大程、黄晋扬、谭彦。由此可见木球理论和技术的应用研究是上述作者完成的。1995 年 7 月 12 日,张宝盛先生著有《木球运动规则、技术图解说明》一书,在前言简介中说他“参与了撰写木球规则内容,有一定的教学经验,体会到木球的优点,有值得推展的必要性。以帮助初学者,尽绵薄之力。”这是最早出现规则与技术动作的图解,由此可见,这是《木球手册》的姐妹篇。

《木球手册》的主要动作名称与高尔夫动作的名称大致相同,如握杆、站位、置球、瞄球、挥杆、击球、收杆等动作名称,技术动作也基本与之类同,没有木球技术动作的专用名词。可见,其作者是按照发明者的意愿和自己对高尔夫球的爱好效仿而来的。但作者为了区分一些动作名称,减了一些用词,如上挥杆、上杆、顶点、下挥杆、送杆等,只用一个挥杆说明木球的击球动作,这就太笼统了。既然用高尔夫的动作,就应该详细用其动作名称。总而言之,高尔夫球的动作名称具有悠久的历史,要在其动作中研究出新的动作名称和技术动作才是木球运动发展的方向,才能丰富木球理论的知识宝库。

一、整合

笔者研究了高尔夫球动作在木球运动中的应用,把高尔夫的挥杆动作进行整合,应用到木球运动中,就形成了一套挥杆技术动作的完整概述,主要是为了对教学、训练的动作进行阐述。把挥杆动作整合成挥杆、下杆、送杆、收杆四个主要技术,解决了木球挥杆概述含糊其辞的做法，又精减了高尔夫动作的引杆与顶点的类同用词：挥杆至最高点时，是挥杆完成时的自然惯性，动作满弓时的物体自然落体，利用外力作用即形成了下挥杆，所以，去掉引杆顶点的多余用词。

二、 创新动作名词

（一）握杆

将不适应木球握杆动作的棒球握杆、锁扣握杆、重叠握杆创新为贴近式握杆、分开式握杆、自然式握杆。三种握杆动作非常适合木球运动，跟高尔夫和棒球握杆方法完全不同。

（二）吊球动作

在高尔夫球和木球手册中，只有推杆，实质上，推杆是泛化词。在实际运用中，推杆往往是 25 米左右采用推球，在 15 米左右的距离内没有攻门的角度，需要调整到一定的角度和距离叫吊球。笔者把推杆与吊球区分开来，就创造了吊球这一创新动作名词。

三、 短、中、长杆动作创新

高尔夫球的挥杆和木球的挥杆击球是同一动作的统称，实际应用中，挥杆的动作与距离长短有很大关系，挥杆的幅度不同，产生击球的力和球运行的距离就不一样。笔者根据挥杆的运动轨迹和距离，采用力学的原理把挥杆名称与动作改进，分出了短、中、长杆。短、中、长杆是根据挥杆与人体的力学角度区分的，挥杆 45 度即躯干与手臂侧平举为短杆，挥杆 90 度为中杆，挥杆 180 度为长杆。把挥杆动作分解以后，更利于教学，把笼统化变成细化，会使讲解动作更加清楚，也使挥杆的概念更加明确，定位更加准确，使木球更加有自身的特点。笔者发展丰富了木球技术理论，把木球的动作名称命名为高姿势，因为它采用高尔夫的动作，又因为击球时身体较高，故叫高姿势。笔者又研究了低姿势动作，因为根据高、低相对，有高姿势，必然有低姿势。通过笔者创新研究后，木球的动作的名称就有高姿势、低姿势、直立式、自然式四种动作名称，后三种姿势通称为“梁式”。希望能有更多的专家、学者研究出更多的动作名称，丰富木球理论的研究。

第十四章　创新木球低姿势技术动作的研究

2007 年 8 月，笔者带队参加海峡两岸大专院校木球邀请赛，队员用笔者创新的低姿势技术动作进行比赛，使技术官员们眼前一亮，并在比赛中一路高歌，勇夺乙组男、女团体冠军，男双亚军、女双亚军，男女混合赛季军和两个一杆破门奖。木球运动的权威人士说："低姿势技术代表了木球运动的发展方向，从此木球运动有了自己的技术动作。"采用低姿势动作的运动员获得了六届全国木球锦标赛女子团体冠军、男子团体冠(亚)军。2009 年 7 月用低姿势动作训练的队员参加第六届亚洲大学木球锦标赛，荣获女子团体冠军、男子团体亚军，成绩在亚洲处于前列。2014 年 9 月，笔者用自创木球低姿势动作训练的运动员，代表我国参加第六届世界杯木球锦标赛，喜获女子团体冠军、女子单人亚军，笔者被国际木球总会会长、木球运动的发明人翁明辉先生赞誉为"金牌教练"。

国内对木球理论的研究很少，浅谈木球发展概况的文章也很少，论述木球技术与战术方面的文章还是空白。为了全面推广木球运动，我们对木球低姿势动作进行了分析研究，为我国开展木球运动训练和木球教学提供科学依据。

一、研究与分析

2006 年 4 月，笔者应邀担任宁波国际木球公开赛的裁判工作，发现木球的技术动作采用高尔夫的技术动作，没有形成木球运动的特色。笔者三年来不断探索新的动作和训练方法，执着追求新的技术动作，终于研究出了低姿势技术动作。如图 14－1、图 14－2。

图 14－1　低姿势正面连续动作

图 14-2 低姿势侧面分解动作

笔者根据木球的技术动作原理进行了大胆改革，创新了木球技术的低姿势动作，丰富了木球的理论内涵。实践证明，教学、训练效果显著。下面我们从以下几个方面对低姿势动作进行技术分析研究：

（一）理论研究与分析

木球技术动作是由高尔夫的技术动作（以下简称高姿势技术动作）演变而来的。如图 14-3。

图 14-3 高姿势正面连续动作

为了使木球运动有它自身的技术特色和动作特征，我们从不同角度对低姿势动作进行了研究。

1. 球具形状和杆头重量分析研究

高尔夫与木球球具形状不同，如图 14－4；重量差异也很大，如表 14－1。

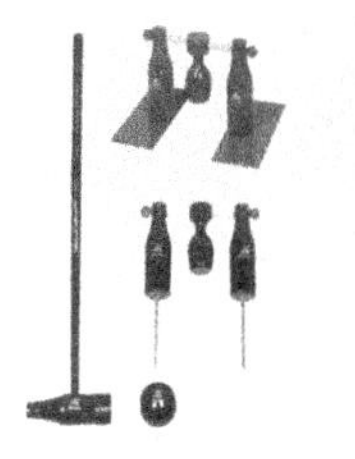

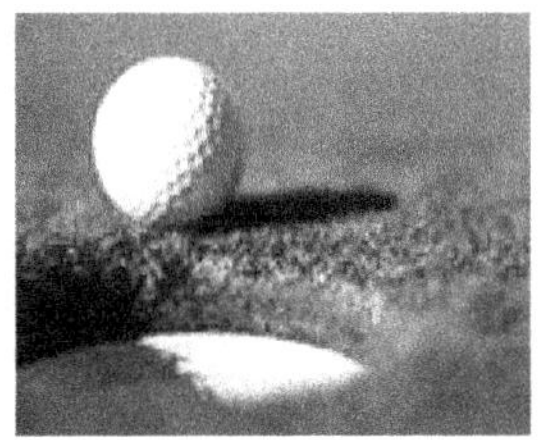

图 14－4　高尔夫与木球球具比较

表 14－1　高尔夫与木球重量比较分析

	杆长(厘米)	杆重量(克)	杆头重量(克)	球重量(克)	球的直径(厘米)
高尔夫	109～116	559	275～325	55	4.3
木球	80～100	800	425～525	350	9.5

高尔夫球杆的形状及杆头的重量决定着高尔夫运动的运动规律。高尔夫球杆有 12 种，杆重 559 克，杆头重 275～325 克，两者重量略均衡。木球球杆只有 3 种型号，杆重 800 克，杆头重 425～525 克，杆头较重。由此可见二者差异很大。木球运动有它自身的运动特点和规律。

2. 球杆的长度与球的重量分析研究

球杆的长度决定击球的远度和高度，再加上击球的初速度，就决定了球的运行距离。高尔夫球杆长 109～116 厘米、木球球杆长 80～100 厘米，高尔夫球杆较长；高尔夫球重 55 克，木球球重 350 克，两球相差 295 克。杆越长，工作距离就越长，击球就越远；球越小阻力就越小，球的运行距离就越远。杆头的形状、面积与球的大小决定了球的运行高度和球的飞行路线。高尔夫有 13 种杆可供选择，可以用不同的杆击不同距离和方向的球。研究实验证明：因杆的长度、重量不同，站位的高度也不同。球的重量大，击球产生的阻力就大，只有降低身体重心(两腿弯曲)才能更好地控制球杆的重量，使身体不左右晃动而偏离中心轴，使击出去的球直线(地滚球)运行，达到击球的稳定性和准确性。

3. 高、低姿势用力程序分析研究

高姿势动作挥杆到顶点时，髋关节转动约 45 度，肩关节转动 90 度，右上臂与肩构成 90 度直角，左手屈腕与杆身又构成 90 度直角。如图 14－5。

下杆时它的用力程序：首先是右肩部转动 90 度后再以右肩带动左肩回转到原来

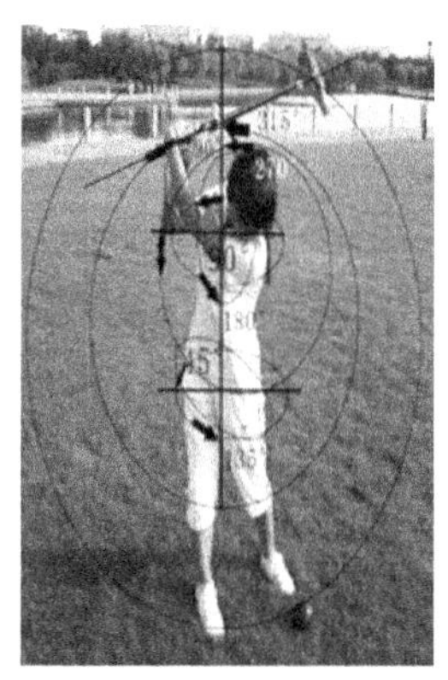

图 14－5

位置上，此时用力点在右肩。其次，下杆时右臂与肩关节处在 90 度的直角位置，前臂和手腕处于无法掌控的用力盲区，此时以肩关节快速用力下拉带动肘关节下移。再者，肩拉动肘关节，左手屈腕 90 度，也处于无法掌握的用力盲区。从上述分析可以看出：第一，挥杆到顶点时，肩向后用力位移约 90 度，到下挥杆时又以右臂举动左肩前移复位 90 度回到原来的位置，这个动作过程始终是右肩用力做引领。第二，恢复到原来的平面位置时，右肩快速用力下拉带动处于 90 度的无法用力的前臂自然位移，这时用力点在右肩。第三，右肩用力下拉时，左手与屈腕 90 度的手腕也自然位移，此时用力点在肩、肘关节。研究分析得出：高姿势动作用在木球动作中，肩关节、髋关节往复位移，有两个直角无法掌控的用力盲区；有两个肩部用力点，一个肘关节和一个送杆时的手腕关节用力点。高姿势动作用力点多，关节用力转换多，动作复杂，用力难以控制。

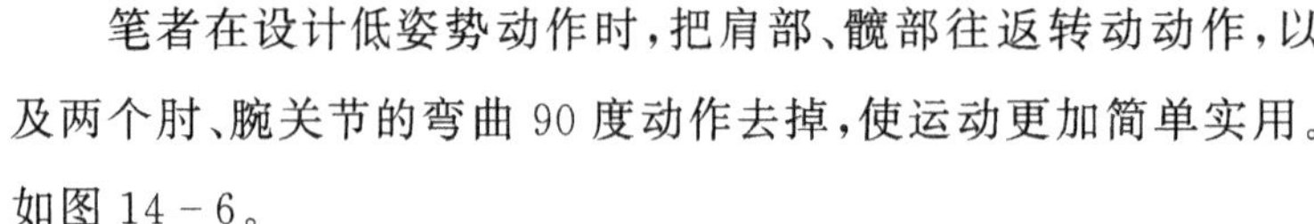

笔者在设计低姿势动作时，把肩部、髋部往返转动动作，以及两个肘、腕关节的弯曲 90 度动作去掉，使运动更加简单实用。如图 14－6。

图 14－6

做低姿势动作时，降低身体重心，减少身体左右晃动和上下起伏，不偏离身体中心轴，增加技术动作稳定性。低姿势下挥杆的用力点只有一个肘关节，手腕快速前送，释放屈腕动作力量。蹬地、转髋、击球、送杆、收杆就完成整套动作。整个挥杆动作连续完整，给人柔和顺畅的感觉。优点是融合上杆、下杆、送杆的动作简单易学，使动作更加流畅，低姿势动作减少了很多复杂动作，用力程序只有一个用力点，动作节奏明快，送杆、收杆，动作姿势更加完美，技术性能稳定、准确、科学。

4. 球的体积与击球点的包容积研究的分析

高尔夫球直径 4.3 厘米，杆头的包容积 460 立方厘米，球只占杆头击球容积的三分之一，击球时杆头偏移左右 1～3 厘米都能击球的中心轴线和点上。如图 14－7。

图 14－7　高尔夫球

图 14－8 木球

而木球直径 9.5 厘米，杆头击球直径 6.6 厘米，杆头击球面只有球的三分之二。如图 14－8。而且杆头触及球的中心轴击球点只有 1 厘米左右，如果身体重心高，握杆高很难击中心点。要想击球准确，只有降低身体重心和握杆的长度，才能提高击球的成功率。

5. 力学原理进行分析研究

根据力学原理，从解剖学的理论进行分析，我们找出了木球运动低姿势的动作规律。见表 14－2。

表 14－2 力矩与攻门准确性分析

名称	力矩	力点	阻力	体积
高尔夫	手臂与杆头的力矩长，杆头轻力点与力矩形成点在肩肘和手上	球杆轻，球杆头容积小，没有阻力，支点在肩轴，力点在肩肘关节上	球小，重量轻，击球阻力小，利用不同的杆，击出不同球的路线	球轻，阻力小，杆头重，球容积大，所以攻门准确性高
木球	球杆重，力在手肘关节上，支点在前臂和手腕上	杆头重，力的支点在手腕上和肘关节	球杆头体积大、重，阻力大，击球运行路线受到角度的影响和用力方向的限制	球大，体积大，重量大，阻力大，降低重心才能增加攻门准确性

通过上述的比较分析，采用高姿势与低姿势的力矩与攻门准确性分析研究动作，力的角度和用力路线不在一个平面上，用力支点不同，动作就不同。从对比分析中可以得出：低姿势动作更适应教学与训练，因为它符合人体运动的力学原理，它的力矩短，力点靠近球体，所以攻门准确性高，学生队员容易掌握动作。

6. 低姿势、高姿势技术动作挥杆运动轨迹分析研究

低姿势技术动作与高姿势技术动作挥杆的身体转动分析如图 14－9。

图 14－9 低姿势与高姿势正面剖析动作

高姿势动作挥杆至顶点时，身体形成四个假设平面运动轨迹，见图 14－5。

（1）手腕关节的运动轨迹

左手握杆与杆身构成 90 度的平面运行轨迹，从前边看左手握杆形成 90 度，从右边看杆身成一条直线，下挥杆，左手随肩首先完成 90 度屈伸，再随送杆、收杆屈腕 90 度，手腕随着动作运行 315 度，首先头后斜进行平面的运行再到正切面的收杆由左耳旁运行，轨迹融为一体。

（2）肘关节运动轨迹

在挥杆顶点时，肘关节与上臂构成 90 度的直角，随着肩关节下拉，前臂逐步伸直，由腕关节回转 90 度随着送杆运行 180 度，收杆时完成 270 度的运行轨迹。

（3）肩部的运动轨迹

挥杆至顶点时，肩部向反方向运动转过 90 度，下杆时，肩必须回旋到原来的 90 度后。这一运动轨迹实际上是 180 度由斜平面再到正切面的运动轨迹。

（4）髋关节运动轨迹

挥杆时，髋关节平面向反方向运动转动 45 度，在下杆时，髋关节又随向运动方向平面回旋 45 度围绕中心轴运动。随着下杆、送杆、收杆髋关节倾斜又向前运行到 90 度，实质上髋关节运行到 135 度时完成正切面运动轨迹。

从低姿势动作分析可以看出：低姿势动作挥杆至顶点时不存在多个运动轨迹，只有一个正切面的运动轨迹，身体中心轴不变，挥杆完成时身体不上下起伏，左右偏离。如图 14－10。所以说低姿势动作去掉了多余的动作和不稳定的因素，创新简单整体合一，符合运动工作的原理。降低身体重心，更加固了身体的稳定性，使上挥杆、下挥杆、击球、送杆、收杆连贯如一，提高了击球的稳定性、准确性，奠定了创新动作理论基础。

图 14－10　高姿势与低姿势平面轨迹对比

高姿势挥杆的运行轨迹从躯干的后部以斜面运动的轨迹，再转到正切面的运动轨迹，并在体侧膝关节处与正切面交叉融合到正切面的运行轨迹上。如图 14－10。所以两个轨迹不能很好地衔接，就产生下杆改变方向稳定性差的后果。而木球运动轨迹只有一个正切面的运行轨迹，所以低姿势动作科学。低姿势握杆手臂靠近支点，缩短挥杆运行轨迹的半径，才能使球杆运行轨迹在一个正平面上。从力学的角度分析，身体、手臂、球杆连成一组线，才能蹬地、转髋、挺身、送杆、收杆，形成连贯自然动作。

（二）实验研究与分析

1. 实验对象：2007 级、2008 级新生，随机抽样木球选修班的两个自然班作为实验班和对照班。

2. 实验条件：实验班采用低姿势教学，对照班采用高姿势教学，条件和实验方法相同。

3. 实验项目：基本技术。如表 14－3。

表 14－3　基本技术实验项目

名称	攻门 3 米(5 点)	推杆 20 米(2 次)	短杆 50 米	中杆 80 米	长杆 100 米
实验班	89.45	82.74	77.67	69.28	67.14
对照班	89.33	82.43	76.82	65.71	58.23
差值	＋0.12	＋0.31	＋0.85	＋3.57	＋8.91

从实验班和对照班的基本技术项目的测试来看，3 米（5 点）攻门差距不是很明显，因为距离短；从推杆技术到短杆技术的成功率来看差距逐步加大，特别是长杆的失误率高姿势明显高于低姿势。从这里就可以看出高姿势的动作在木球技术应用过程中，各项指标都低于低姿势，距离越长稳定性差，实验证明：低姿势的准确性和稳定性较高，低姿势技术简单易学，动作稳定，姿势优美。

4. 实验项目：基本战术。如表 14－4。

表 14－4　基本战术实验项目

名称	10 米定位球	20 米正面吊球、攻门	30 米侧面推杆、吊球、攻门	40 米短杆、推杆、攻门	20 米斜坡、推杆、攻门
实验班	86.21	73.11	87.41	43.76	63.94
对照班	88.74	72.63	85.24	38.24	59.17
差值	－2.53	＋0.48	＋2.17	＋5.52	＋4.77

从 10 米定位球的准确性可以看出：高姿势的吊球动作稍比低姿势好一点，有它的优势，但 20 米二杆攻门时如果推杆不到位、攻门角度不好就会产生明显的差距。特别是高姿势战术训练 30 米三角地形的侧门，推、吊、攻门明显远离球门中心区，给攻门造

成了不利的影响，短杆的应用变化不大，主要是短杆、吊球技术不到位造成学生心理上攻门畏惧，更重要的是20米斜坡充分显示了低姿势的优越性。不管是基本技术还是战术，创新低姿势技术动作都具有明显的优势，符合木球运动的规律，经过全国锦标赛和国际比赛的检验，运动成绩提高显著，特别是低姿势的优美动作得到了学生的青睐和喜欢。

二、结论

通过理论分析和实践验证，低姿势动作在教学与训练中，具有科学性、实用性、准确性，并以它独特的动作代表了木球动作的发展方向，以优美的动作促进了木球运动成绩的提升，丰富和发展了木球理论的内涵。

1. 低姿势动作中的推杆、吊球、攻门，采用钟摆式动作，符合人体运动规律，依据是力臂短，准确性高。通过实验证明：低姿势比高姿势动作准确率平均高出20%。

2. 低姿势动作降低身体的重心，缩短挥杆的半径，使球杆运行的轨迹在一个平切面上。短杆、中杆的稳定性比高姿势的技术动作稳定性提高了37.5%。特别是长杆稳定性比高姿势的动作高了42.5%。所以低姿势的技术动作，身体重心稳，握杆短，击球准，便于教学与训练，是快速提升木球运动成绩的关键。

3. 低姿势动作吊球稳定，攻门准确。例如台湾用高姿势训练8～10年的队员与大陆用低姿势训练2～3年的队员运动成绩相差不明显。特别是2009年7月的第六届亚洲大学木球锦标赛上，采用低姿势动作训练的队员，把十几年的“常胜将军”中国台湾队打败，以14杆的悬殊比分荣获女子团体冠军、男子团体亚军，参赛运动员、教练员纷纷模仿低姿势动作并进行摄影摄像研究。

4. 低姿势动作技术稳定，攻门准确，动作舒展潇洒，简单易学，有利于青年大学生学习标准动作。

木球运动随着社会的发展而发展，并不是一成不变的，木球项目属于新兴项目，各种技术动作都在研发之中。不久的将来又会有新的动作出现，愿低姿势木球技术动作成为木球运动的代表作。

第十五章 创新木球直立式技术动作的研究

木球运动发展已有二十几年的历史，但早前技术动作仍保留原创时的高尔夫技术动作的雏形，没有木球自己的技术动作。笔者以30年的教学经验，厚积薄发地创新了木球的直立式技术动作。宁波城市职业技术学院木球队利用直立式技术动作训练的运动员，参加泰国第二届世界大学木球锦标赛摘得男子团体第四名，被翁明辉先生赞誉为"'魔鬼教练'带出了一批'魔鬼运动员'"。

宁波城市职业技术学院木球队经过两年的实践检验，2008年在海峡两岸第一届木球锦标赛上获得男子团体冠军、女子团体亚军；2009年在第六届亚洲大学木球锦标赛上荣获女子团体冠军、男子团体亚军。笔者创新的直立式技术动作，现被一些国家和地区所效仿。

一、 研究与分析

笔者发现木球的技术动作采用高尔夫的技术动作不符合木球运动的规律和力学原理，以从事体育训练和教学近30年的经验，判断木球必须有自己的动作才能快速推广和发展。笔者把门球的动作与木球的动作结合起来，创新符合木球技术动作结构和运动规律的动作，认真钻研门球的技术动作，创造性地运用于木球的攻门、推杆、吊球技术动作中去，创新了直立式技术动作。

(一) 动作研究与分析

直立式技术动作主要由握杆、站位姿势、置球、瞄球、攻门、推杆、吊球、短杆、中杆、长杆等技术环节组成。直立式的动作优点是：击球时身体不上下起伏，击球准确；身体直立，手臂伸直；臂部抬起，腰挺直，身体前倾50度左右，身体中心轴稳定；引杆转身以脊柱为主，击球不偏离方向；击球时的方向与球杆的运动轨道在一个平面上，不易出界。

1. 动作姿势

两脚自然分开，稍宽于肩，两腿直立，身体稍微前倾，握球的手自然下垂，挥杆至右肩上方顶点，下挥杆至球体时身体随时跟进蹬地前送杆，球杆前送，手臂与杆成一条直线，然后收杆与肩同高或高于肩。如图15-1。

表 15－1　直立式动作

2. 握杆

有三种，紧贴式、分开式、自然式。紧贴式两手握杆靠近，分开式握杆手中间间隔 10 厘米，自然式左手与右手靠近。如图 15－2。

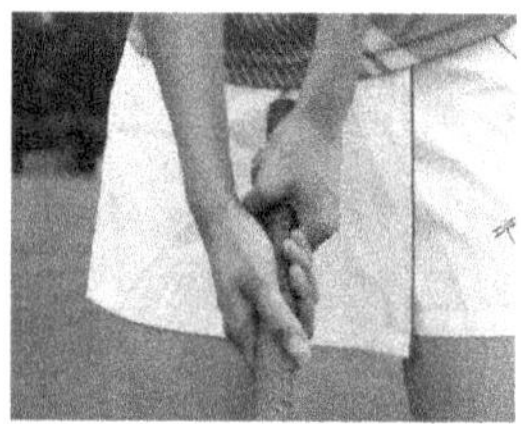

图 15－2　三种握杆方式

3. 站位

姿势可以分成三种。如图 15－3。

(1)平行式站位：双脚平行站立，两腿蹬直，两脚宽度大于肩宽，臀部抬起，腰部挺直。双脚尖朝向正前方。

(2)前后式站位：前后站立。

(3)外展式站位：双肩放松微微弯曲，上体略微前倾，身体重心放在双脚上。

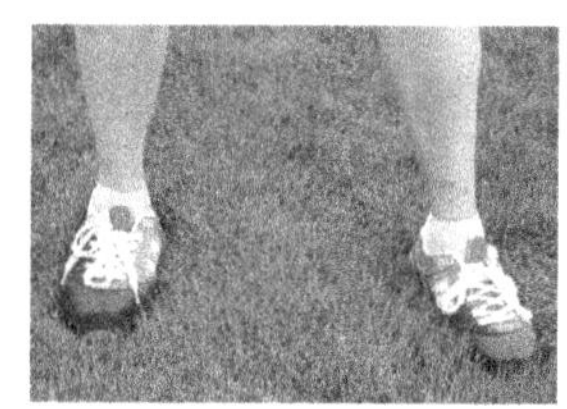

图 15－3　三种站位姿势

4. 置球

将球置于左脚尖前方 10 厘米位置的脚尖置球，将球置于两脚中间前方 10～20 厘米位置的中间置球，将球置于与脚距离 10～20 厘米位置的外展式置球。如图 15－4。

图 15－4　置球的三种方式

5. 瞄球

瞄球时主要目的是判断球与球门间的距离，观察球行进的路线，所以应从球的正后方观察，瞄准时，注意球门的球杯、球杆、球三者应成为一条直线。如图 15－5。

图 15－5　瞄球动作

6. 击球

利用球杆摆动的力量，沿着球滚动方向击球，击球时手臂快速挥动，顺势送杆。如图 15－6。

图 15－6　击球动作

7. 攻门

以脊椎为中心轴，双臂犹如摆动的钟锤，向其左右两边摆动，用摆动的力量将球击出。摆动时，双手的手臂维持瞄准时的肩、臂、手形成的倒三角形，击球时以脊柱侧屈为轴心摆动双臂，将球击出，身体双臂前送杆攻门。如图 15－7。

图 15－7　攻门动作

8. 推杆

正面推杆和侧面推杆时，身体直立，臀部后抬，身体前倾角度大一点；挥杆时球杆不要太高，上挥 30～40 厘米；下杆时按运动轨迹逐步加速到身体中心轴时，右脚蹬地送髋关节，双臂随杆向前摆出与左侧成 40 度左右。如图 15－8。

图 15－8　推杆动作

9. 吊球

当球被击到球门侧面或不到位置时，因距离很近，没有攻门的角度，可以将球吊到有利的地形位置再攻门。侧面吊球时，不必转腰，只要双臂以钟摆式的力量将球推出。正面在吊球时，左手握杆上端靠近左侧锁骨窝心，右手握球杆的下方，双臂几乎紧靠身体。球的位置应在左脚前方，也就是在左脚内侧的延长线上，此时吊球，重心不要转移，左手为轴，右手推动。如图 15－9。

图 15－9　吊球动作

10. 短杆

两脚自然分开，两腿直立，手臂持球杆向右上方 45 度摆起，右臂直摆 45 度，握杆的手臂摆到左肩的一半，然后下挥杆蹬地转髋，球杆头触及球时积极前送，两臂伸直，前摆 45 度结束。如图 15－10。

图 15－10　短杆动作

优点：击球时身体不上下起伏，不容易击空球和刨地球；身体稍前倾，下肢蹬地前送；身体不后仰，不容易击球向右侧偏离球道；挥杆转体，击球时在一个平面。

11. 中杆

两脚自然分开，两腿直立，臀部抬起，腰直立，身体前倾，手臂持球杆向右上方直臂挥起，后肩平行，杆、手与中心轴形成 90 度，右臂不弯曲上举，下挥杆时，球杆头触及球时积极向前，两臂伸直与左肩平行。如图 15－11。

图 15－11　中杆动作

优点：击球时身体不上下起伏，容易击中球和地滚球；身体直立，击球不偏离球道；挥杆转体不大，易击中球；击球时在一个平面，击球时不容易造成左右偏离球道。

12. 长杆

两脚自然分开，两腿直立，手臂持球杆向右肩上方举起 180 度，右臂上举至肩上方，握杆的手在右肩上，然后下挥杆，球杆头触及球时积极前送，两臂伸直在左肩上，或收杆于背后。如图 15 - 12。

图 15 - 12　长杆动作

优点：击球时身体不上下起伏，容易击直道球和长距离障碍球；身体直立，臀部抬起，腰挺直，引杆转体不大，击球时在一个平面，击球时不容易造成左右偏离球道。

（二）实验研究与分析

高姿势动作与直立式动作的实验分析对比如表 15 - 1、图 15 - 13。

表 15 - 1　高姿势动作与直立式动作的实验分析

	攻门 5 米	推杆 15～20 米	三角吊球 30 米	短杆 45～50 米	中杆 70～75 米	长杆 80～85 米
直立式	57.9	54.1	58.5	53.7	34.2	30.9
高姿势	55.7	53.6	56.9	49.5	35.4	32.6
差值	+2.2	+0.5	+1.6	+4.2	−1.2	−1.7

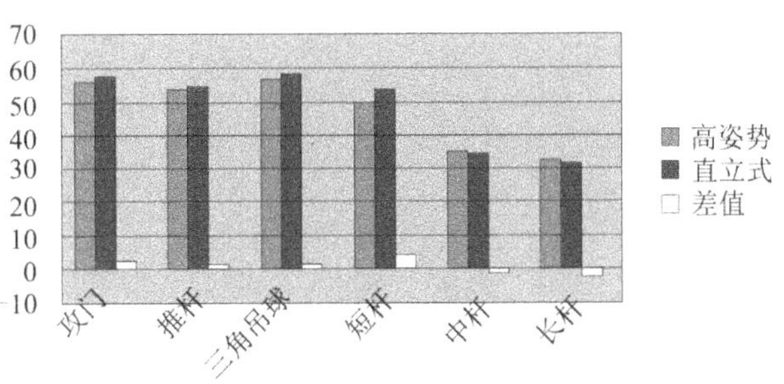

图 15 - 13　高姿势动作与直立式动作对比

实验内容的运算方法是，每项测试5次以计算个人成功率。每组20人，去掉前、后5名，以中间10名作为测验的基准数。从整体数据分析，5米攻门与短杆的差值较大，其他优势不明显，但从精确率来说具有优势。短杆直立式比高姿势具有明显的优势，但在中、长杆上，直立式不如高姿势，距离越长，差距越大，证明直立式姿势不容易挥长杆。这是因为直立式挥杆幅度小。同时，距离越短，直立式稳定性越好。在中、长杆上直立式处于劣势，而在三角吊球的练习中，直立式吊球具有明显优势。

二、结论

通过对直立式技术动作的实验分析可以看出，木球运动虽然模仿了高尔夫，但在不同的技术动作中有它的独特性。直立式动作的创新是笔者汲取在我国开展比较普及的老年门球运动中的攻门、推杆、吊球动作的精髓，把门球的优点运用到木球上，再加以优化，对动作进行了创新。经过实践验证，直立式动作攻门准确率高，可以短距离推杆、吊球，稳定性好，具有明显优势。

现在一些队开始采用笔者创新的直立式动作来系统训练运动员，成绩显著。实践证明，直立式动作具有科学性、稳定性、实用性和准确性，动作好学，便于推广。

第十六章 创新木球自然式技术动作的研究

笔者和翁明辉先生是多年的老朋友了，大家每年见面，都会促膝交谈木球发展的话题。翁明辉先生看到笔者发明的三套木球动作时，感慨地说："我发明木球运动，推广木球运动，你从理论上研究。我们结合起来，木球的快速发展就有希望了。"

笔者从2006年开始研究木球技术动作，在实践运用中验证了创新动作的可行性，得到了木球界的公认和好评。木球自然式动作是笔者多年来从事木球运动研究的结晶。笔者利用高姿势、低姿势、直立式动作进行组合研究，并运用三种动作的优点，结合学生自身的条件。

一、 研究与分析

自然式动作是根据运动员的自然习惯，结合不同的木球技术动作特点研究成功的。

它的特点是：两腿自然分开，膝关节弯曲，身体前俯50～70度，臀部抬起，两手臂握杆向前处于斜面，两眼注视球体，握杆是根据挥杆距离的长短而确定的，挥杆越长，握杆距离越长。攻门时握杆，靠近球50厘米左右攻门时稳定性好，推杆、吊球时具有明显的优势。因为身体重心低，握杆短，支点靠近球杆头，增加了击球的稳定性。中杆挥杆时没有明显的差异，长杆增加了杆的长度，力臂增长，挥长杆时，稳定性不如高姿势动作和低姿势动作。

我们把创新的自然式动作与高姿势动作和低姿势动作进行对比分析。

高姿势动作是身体直立稍微前倾15～20度，低姿势身体前倾约30度。借用高姿势的直腿、低姿势的躯干不前俯的动作特点，把二者结合起来，就形成了自然式动作姿势。如图16-1。

图16-1　自然式动作

1. 站位

高姿势与低姿势站位约与肩同宽，形成平行式站立姿势。自然式两腿分开的位置较宽，形成平行式、外展式站立姿势。如图 16－2。

图 16－2　两种站位姿势

2. 瞄球

高姿势杆头前伸得比较远，低姿势是降低身体重心。自然式瞄球时瓶头与球门连成目标线，球处于两者之间，处于有利的位置。如图 16－3。

图 16－3　瞄球动作

3. 推杆

高姿势是以躯体引杆后摆前送推杆，低姿势是以脊椎为中心轴后摆前送推杆。自然式是用手臂向后引杆然后向前挥杆前推完成送杆。如图 16－4。

图 16－4　推杆动作

4. 攻门

高、低姿势的攻门姿势大部分都采用钟摆式动作，双臂与手握成倒三角形式的后引杆，下杆送杆攻门。自然式动作的攻门动作姿势是双臂与手握杆成斜面的三角形，后引杆式转体，呈半圆弧形，然后形成前引杆、送杆的攻门。如图 16－5。

图 16－5　攻门动作

5. 短杆

高姿势的短杆由四个运动轨迹组成：一是矢状面轨迹后引杆；二是后引杆的转肩 180 度的运动轨迹；三是骨髋关节随躯干的转动骨髋关节运动 90 度的运动轨迹；四是左肘关节与上举左肘关节上臂与前臂弯曲构成 90 度，左手腕弯曲与握杆弯曲成 90 度，同时，下拉挥杆时，构成运动轨迹。四个轨迹形成短杆技术。低姿势动作的上挥杆、下挥杆、送杆、收杆是在一个矢状面的轨迹下完成的短杆技术。自然式动作是在斜面的运动轨迹和矢状面的运动轨迹下完成的，也可以把它归纳为引杆的前期预摆动作运动轨迹，再进入前斜面的一个运动轨迹，最后进入矢状面的运动轨迹。它的引杆向后转体超过身体的垂直面，构成短杆技术。如图 16－6。

图 16－6　短杆动作

6. 中杆

高、低姿势的挥杆主要体现在高度上，高姿势的中杆引杆、握杆手在肩上约 10 厘米处，转体超过 30 度左右，低姿势中杆引杆、握杆手与肩平行，但不转体。自然式动作后引杆是躯干转动向后，转体超过身体的假设垂直线 15～20 度，构成了自然式的中杆动作姿势。如图 16－7。

图 16－7　中杆动作

7. 长杆

高姿势的长杆动作在完成长杆动作时，把所有的四个运动轨迹动作都做到位。然后手、肘下拉，随转肩 180 度再转髋 90 度转肘，由三个斜面运动轨迹，再转到侧面时，与矢状面的运动轨迹融合，送杆、收杆完成长杆的技术动作。低姿势的长杆是握杆手上举在肩上 20～30 厘米，在下杆、送杆完成长杆的动作。自然式是身体向后转体 40～45 度，两脚不动，只有膝、髋、腰、肩关节的一体化的转动运动，使转体满弓，然后下挥杆、送杆、收杆完成自然式动作。如图 16－8。

图 16－8　长杆动作

二、结论

通过上述对比分析可以看出，自然式借鉴了高、低姿势的动作优点，又顺应了运动员个体身体条件。虽说动作姿势不如高、低姿势优美，但在一些方面有它的长处和优势。通过几年来的实践运用，采用自然式在国内外的比赛中都取得了优异成绩，达到了高水平运动员的顶级水平。柔韧性好，腰部、腿部、手臂力量较小的运动员，不易采用自然式动作；身高不高，体重不重，手臂和腰部力量较好的运动员采用此动作，具有一定优势。

第六篇

技、战术训练篇

第十七章　木球运动技术训练

从教育观点来看，木球技术训练就是掌握并提高木球运动技术的教育过程。技术训练的主要任务之一，是形成准确协调的动作技能，在感觉器官、中枢神经系统和各运动器官之间建立稳定的动作定型。

第一节　木球技术训练概述

木球技术训练是由教练员（教师）来组织实施的，通过向队员（学生）讲授科学的木球理论知识，教授木球的各种技术，并通过有组织的反复练习，使队员掌握各种动作要领，不断提高技能，并逐步形成正确的、稳定的动作定型，增强适应性和实战能力，提高运动成绩。能否尽快形成正确的、稳定的动作定型，除了队员刻苦努力练习之外，主要取决于教练员训练水平的高低。因此，教练员熟练掌握和运用技术训练的原则和方法，能够设置具有实用性、针对性、科学性的训练内容，并认真组织实施对提高训练质量尤为重要。

一、 木球训练原则

木球的技术训练，要在实践中不断探索，并进行科学归纳，再上升为理论去指导实践，从而形成木球训练的指导原则。在木球技术教学和训练的过程中要遵循如下四个训练原则：

（一）不间断原则

队员从初学到具有较高水平，必须经过长期不间断的训练，只有不间断训练，才会使机体逐渐产生适应性，加深对木球技术动作的认识，形成良好的动作定型；只有不间断训练，才能不断修正队员不准确的动作姿势，使动作更加规范化。

（二）循序渐进的训练原则

训练过程中训练方法、训练手段的选择，训练负荷的安排等必须遵循由易到难、由简到繁、由浅到深、由未知到已知的循序渐进的过程。训练还要坚持从难、从严、从细和从比赛实际需要出发的原则，这样训练才能收到良好效果。

（三）合理安排训练负荷原则

科学安排训练负荷是尽快提高木球技术水平的关键。训练负荷是指训练的密度和强度。训练的密度是训练总时间与练习动作总时间的比例，训练强度是练习时所承担的生理负荷。在木球技术训练中，没有一定密度和强度的训练，是时间、精力的浪费，是失败的训练。而每天训练七小时以上，并多数为重复练习，会使队员感到很疲劳，并失去训练的兴趣，同样是不可取的。因此，教学/训练的过程中一定要合理安排训练负荷。

（四）区别对待原则

教练员要深入了解队员的健康状况、家庭情况、性格、年龄、职业、文化程度等，根据每个人的体格状况和接受能力，在训练时要有针对性区别对待，对每个人的训练要求应有所不同。

二、木球技术训练方法

（一）语言法

语言是人们交流感情、传播知识的重要工具。在训练过程中教练员要正确地运用语言来指导、启发队员积极思考，提高队员分析、认识和解决问题的能力。在训练中语言法，主要体现在讲解和评价两个方面。讲解要使队员明确训练的项目、方法、目的和要求，击球要领，易出现的问题及纠正的方法等。对普遍存在的问题要集中讲，对个别队员存在的问题，要单独辅导。语言要生动、形象、简明扼要，语气肯定，目的明确，针对性强，以最短的时间和精力获得最大效果。评价是指每天训练结束后，教练员都要做一小结，对一天的训练效果给予评价。客观、公正、及时的评价能激发队员训练的积极性。队员看到了自己的进步，激发了进一步训练的主观愿望，同时看到自己的不足，激发了上进心。教练员的每一句评价，都会对队员心理造成影响。因此，教练员的评价应以表扬、鼓励为主。

（二）示范法

主要是在学练新动作、改进错误动作和提高动作质量时进行，一定要有明确的目的性和可行性。示范的既有整套动作，又有分解动作。比如将攻门动作分解为一看、二站、三贴、四瞄、五试、六击等六步动作，对每步分解动作都做细致的演示，以加深队员对技术动作的理解和记忆。

（三）分组互助法

整个训练过程以分组练习为主，一般两人一组。先根据参加训练的人员情况，设置若干个项目，划分好场地，然后以组为单位分别进行。这样做的好处：一是两人可以共同领会教练员所讲解的内容、方法和要领；二是可以相互提醒要注意的问题，互相矫正错误的姿势或者动作，如瞄准方向这一动作，初学时一个人很难掌握是否达到“四点一线”，如有一人在对面观察，就容易帮助调整；三是可以节省捡球、奔跑的时间。分组练习时，一般每个项目练 20 分钟，再按组逆时针方向轮转，直至练习完规定的全部项目为止。

（四）模拟演练法

在队员熟练掌握训练项目的基础上，设置若干大型比赛中经常出现的战例进行演练。这时，队员要佩戴号码布，有裁判员呼号，如同正式比赛；模拟演练，反复进行，能激励队员的斗志，鼓舞队员更好地进行训练。

（五）考核讲评法

考核是促进和检验训练成绩的重要手段。在集中训练结束前定期地搞一些考核，在同一块场地上，用相同的标准，考核同样的项目和数量，分组进行，记录每人各项得分和总成绩，并统计全队分项和综合成功率，并当众公布结果，进行讲评。考核记录要保存，可作为选拔队员的依据，还可作为帮助队员不断改进弱项和不断进步的证据。

第二节　击球训练方法

一、挥杆练习

首先必须学会挥杆的正确姿势，巩固挥杆基础，形成一个良好习惯。这是一个技术性和机械式的练习，需要经过动作的重复来巩固，过程中肯定会经受一些挫折，但注意，此时不需要考虑球的飞行情况，目的不是球飞向哪里，目的是学会一个更适合自己的挥杆姿势和形成良好的习惯。这个过程需要一个月左右的时间，在这一个月的时间里，不要考虑球的飞行轨迹、落点和距离。只有这么做，将注意力放在动作、姿势、基础上，比如握杆、站姿、瞄球方向、球位等，才能为后面的实战练习打下一个坚实的基础。这些练习是必须长期进行的，是打球之后发现问题进行纠正的过程，而不是下场前的热身准备。

接下来是学会如何在球场上打球，重点是目标、方向和球的飞行轨道，而不是姿势和动作。在这个阶段必须强调节奏和身体平衡，现在是让你走出练习场，以全新姿态面对球场的重要阶段。击出的球偏离目标越远，那么说明技术问题越多。只是在挥杆上花了不少功夫，而不懂如何在场上运用它，没有形成良好的节奏和平衡感，那都是没用的。此时需要更多地注意目标和方向，以及球应该以怎样的轨道飞向目标。

在练习挥杆(姿势和基础)时，要注意以下方面：

1. 别担心球飞到了哪里。

2. 制定一个基于前期场上表现的练习计划。

3. 目的是掌握更熟练和稳定的挥杆动作。

4. 重复动作，形成一个更好的姿势，直到已经巩固。

5. 练习需要较长时间，要有耐心。

6. 各项基本功，如握杆等都要认真练习。

7. 别在脑中混淆了挥杆练习和实战练习，这时不要考虑技巧性的东西。

8. 巩固几个基础动作，如站姿、瞄球、球位动作。

9. 别把自己的错误动作带进来，动作尽量做到标准。

二、 实战练习（目标和球）

1. 注意选择落点，考虑球的飞行轨道。

2. 注意节奏、速度和平衡。

3. 不要刻意追求姿势，按习惯打就可以了，因为前面已经巩固了一些基础。

4. 往外想，不要往里想，也就是说，不要考虑自己的身体，考虑身体以外的东西，如落点。

5. 测算距离。

6. 按自己的技术打球，也就是遵循自己的习惯。

7. 不要猜疑不定，犹豫不决。

8. 身体上和心理上做好击球前的准备。

三、 完整击球练习方法

1. 方法：在草坪上与击球方向垂直的草坪上钉两个长钉，两钉间距十厘米。

2. 动作：按正常动作做击球动作，使杆头从两钉间通过而不碰到任何一个钉。

3. 作用：增加挥杆练习密度，保证每次击到球，有利于体会正确的挥杆击球动作，形成正确的动力定型，对初学者特别适合。

4. 要求：体会正确的用力顺序，在练习时可每挥杆两次后在两钉间放球，然后做动作将球击出，以增加实战效果。

第三节　攻门训练方法

一、 攻门结合练习方法

1. 方法：在球道内，沿球和球门方向放置两长杆，间距二十厘米，置球于一端。

2. 动作：练习时用放置的长杆作为瞄准参照物，按正常技术动作击球，使球不碰触任何一杆。

3. 作用：体会攻门完整动作，把握击球节奏。

二、把握击球力度的练习方法

（一）感受球速法

1. 方法：在赛道上距球 3 米、6 米、9 米各横放一球杆。

2. 动作：用正常攻门动作将球击出，由近及远，每个杆前停三个球。练习三组。

3. 作用：体会草坪对球的阻力，把握球速，为准确的攻门做准备。

（二）过空门练习法

1. 方法：将球门的球杯取下，再放置于正常的位置。

2. 动作：按正常攻门动作攻门，击球力度控制在球过空门后，停留位置距门在一米到五米的范围内。

3. 作用：体会攻门时合适的击球力度，以防攻门不进时反弹出界。

第四节　推杆和调球训练方法

一、击球节奏的练习方法

借助节拍器练习。只需将节拍器放在地面上，为自己的击球找准节奏，使其跟节拍器合拍。推杆应该处于上杆的末端，即在“嘀——嗒——”声响到第二声的时候，处于送杆的收尾阶段。

节拍器的节奏可以调节，可以让适当的节奏成为“嘀——嗒——”一声，继续练习，使其跟节拍器合拍，直到能连续不断地重复它。

当推杆的时候，只需默念“嘀——嗒——”，按照这样的节奏就很适合推杆。

二、单手推杆调杆练习

1. 方法：单手抓住推杆开始击球。虽然单手运动通常感受很特别，但这实际上非常正常。当从不同的距离开始练习的时候，腕部不应该有任何冗余的动作，这样才能够形成真正的滚动。还有，一定要放松，只有在放松的时候才能够获得最好的结果。

2. 注意事项：在每一种击球中腕部上翘都是不正确的，不管是轻击球、挥杆还是猛烈击球，这种动作都不能打好球。腕部僵硬的球手在比赛中经常成为败将。

三、 在球道上

当你打完球时发现，你的杆面或者推杆路径也许会偏离轨道。没有准确瞄准将导致你的推杆偏离既定路径很远，所以保持杆头正对目标是至关重要的。

为了让你的推杆对准目标线，可以进行这个简单的旗杆练习。可以将你的推杆放在旗杆顶上，使杆头上的瞄准线处于旗杆的中间。推杆击球时可以有一点弧度，尽量使推杆杆头正对旗杆。练习这个动作 30 秒左右，然后将推杆移离旗杆，回到赛道上，在赛道进行几次推杆。当练习击球的时候，尽量准确。

四、 球速感觉

如果你在很多木球场打过木球就会知道，在不同木球场击球球的速度各不相同，因为草的长短和草的摩擦力都不一样。当你不习惯各个新场地球的速度时，尤其是当它们跟你以前打过的球场草地大不相同的时候，会感到十分不适应。一个简单而又有效的方法是谨慎推杆。如果球滚动较之以前的场地慢，可以用正常击球的力量挥杆。这将让你挥杆更有力，击球更远。球滚动较快的场地上，可以用比正常距离更近的方式击球。

五、 推杆与吊球练习

此练习方法，目的在训练你的推杆与吊球技巧，通过练习而养成条件反射动作，能使你的推杆与吊球动作更正确与稳定。

通过这些简单的练习，你会清楚地了解到杆头行进的路线，从而清楚地了解到杆头行进的缺点。但是请注意，所有有关推杆的练习，皆以距离八米内为准。如遇到更长距离的推杆时，稍微延伸你的上杆动作。

找一处适合做直线推杆的平坦场地，在目标点左右各摆一支长球杆作为对准轨道，让杆能在两只杆中间通过，借此训练你的平行对准。虽然推杆距离仅有两米长，但是这种训练还是很有用。

这种方法不仅是训练你的推杆与吊球，同时也在训练你将球推进门的自信心，因为当遇到 20 或 30 米的长推时，很难分辨这一杆推得好坏。

利用这种练习法，即使推歪了，球还是会撞到标志过门杆，只要你不断练习，稍做修正，勤加苦练，推杆技术一定会日渐稳定。

你想创造出独特的风格，使个人技术变得纯熟，就必须不断练习，直到将它变成一种技巧。

摆放两支球杆这种方法的另一项好处是，你可以利用它来纠正你的平行对准能力。虽然推杆的姿势千奇百怪，但最正统的还是双脚、臀部与肩膀皆平行于目标线。在做击球准备姿势时，你唯一可瞧见的只有自己的双脚，因此你可以依此参考，即将推杆面的方向与双脚边线平行。

推杆面有个很小的斜度，在2～5度。在做击球准备姿势时，双手往前一些，使其位置刚好在球面前方的正上方处。你的力道必须使球越过一定的距离时，仍能自如地滚过去。将球放在离左脚两寸的延长线上。上杆时，感觉到杆头犹如将要触及草地般贴近地面杆时，让球微微顺势上扬。以杆面正中央击中球，才能使球平稳地滚动。

第五节　短、中、长杆训练方法

以下3种训练法能够帮助增加击球力量、使球杆保持在正确挥杆平面上。

一、扛杠铃转体

1. 站位：肩扛40～50公斤的杠铃转体。

2. 动作：模仿上杆动作，挥杆速度为标准速度的一半。是为了帮助你使站姿保持不变。转体时，要注意下面3个窍门。先转肩，再转髋。先使肩部转动10厘米，再去转髋。后侧膝部不要弯曲，确保将体重移至右脚，你应该感觉到躯干的肌肉绷紧。完成以上动作后，向前转体，模仿下杆、收杆。这一次要先转髋，再转肩。

3. 作用：坚持练习几天，每天重复这个动作25次，将会自然地以正确的动作顺序上杆，做出有力的卷绕动作。

二、静止运动，模仿站姿

1. 站位：右手松开球杆，左臂在体前笔直伸展。右臂置于腹部，双手臂握杆，以手杆控制躯干的稳定。

2. 动作：头颈向目标反方向，杆头不要离开地面，使胸部保持朝向地面姿势。

3. 作用：稳定身体中心轴。

三、高姿势练习时使身体和手臂的动作保持协调一致

1. 站位：只用右手握杆，将左手置于胸骨前方。

2. 动作：只用右手上杆至顶点。此时应注意3个要点。左手移至右脚上方，右臂

弯曲 90 度，右前臂的中点应该与右耳齐平。

3. 作用：将挥杆弧的中心点(此时在左手)移至右脚上方，说明实现了稳固的转体。右臂的状态保证了上杆至顶点时手和球杆处于正确位置。等到适应了这种训练法之后，应下杆做顺势动作，收杆时保持好平衡，使挥杆弧的中心点移至左脚上方。

第十八章 木球运动的基本战术

为了全面提高木球运动水平，运动员应该在技术、战术、运动素质、心理素质等方面进行同步训练，以形成一整套现代立体训练体系，这样才能使整体水平更快地提高。木球的战术是指队员在比赛中为表现出高超的竞技水平、挑战自我并战胜对手而采取的合理有效的计谋和行动。

技术、运动素质、心理素质和战术之间是互相联系、互相依存和互相制约的辩证关系。技术、身体素质是战术的物质基础，心理素质是战术的思想保证。在比赛中，技术、运动素质、心理素质总是在具体的战术意图和行动中体现出来，并充分发挥作用，而成功的战术反过来也可以积极地促进技术、运动素质和心理素质的提高与发展。

比赛中运动员选择战术不能脱离自己的实际情况。要根据自己的技术水平、身体条件、心理素质等情况以及对手的情况，做出对自己有利的战术计划。这就需要球手掌握好各种基本的技术、战术的一般规律，并在平时有目的地进行系统的战术训练，在比赛中积累经验，再在实战中加以运用，这样不断地总结、提高，使自己对场上的情况具有敏锐的观察能力和迅速做出反应的能力。

第一节 战术的指导思想

战术指导思想是制定战术具体行动方案所依据的准则，采用的战术是否合理有效，关键在于指导思想是否正确。木球运动的指导思想主要体现在以下几个方面：

1. 以我为主。是指队员排除干扰，不受对方和场地的影响，积极施展自己的特长和技术打法。队员要结合自己的特长，形成自己的打球风格，不要被带入对手的战术和节奏。自己和自己比是木球运动的一大特点，如果你始终以非常平衡的心态来打每一杆球，无论对手采取什么样的战术你都会应付自如。正所谓平常心是最好的战术。

2. 稳和准。每一杆击球都要以稳和准为基本原则。吊球准，长杆稳，确保不出界，保证每次的挥杆出球都在自己的控制范围之内。并且，球手的战术实施也要符合稳和准的原则，动作准确并运用自如，落点准。

3. 心中有数。经验的队员每次比赛之前都先对场地进行熟悉，做到心里有数，根据场地的现实情况来安排自己的比赛计划。并且，每次的出杆之前也要细致地观察场地的平整程度、草坪的摩擦力、障碍的设置等等，避免一些偶然的因素打乱自己的比赛计划。

4. 谨慎出杆。无论是直道、弯道，还是障碍道、坡度道等，这些为不同目的设置的比赛用道，都有其一定的设置目的，并且都存在一定的难度，来考察队员不同的技术。所以，无论是什么样式的球道，都要小心对待，在挥出每一杆的时候脑子里要有清晰的思路，这一杆挥杆的目的是什么，要达到什么样的效果，做到思路清晰。

第二节　运用战术的原则

一、以技术为基础发挥战术

战术是以技术为基础的，技术水平越高就越能出色地完成战术的要求。只有技术全面，战术才能多样化；战术的变化和发展又可以促进技术不断地革新和提高：二者密切相关，互相促进。比赛中的战术必须建立在充分发挥自己的技术特长的前提下，要沉着稳定，不畏困难，在平常训练中，要培养优良的意志品质和良好的训练作风、战术作风。

二、 制定合理有效的战术方案

比赛战术方案的制定，必须结合自己的特点，并根据比赛条件与对手的技术、战术特点，做出合理有效的设计。比赛前必须通过各种方法、手段获得各种信息，即所谓“知己知彼，百战不殆”。在比赛中了解对手，衡量自己。

三、 实施战术目的明确

运用战术必须做到有的放矢，焦点集中，抓住中心，总揽全局。比赛中除了落点要准外，在力量、挥杆或推杆上亦应准确把握，并发挥出技术优势。同时，要考虑到自然条件影响，如天气情况、场地情况、球道草坪的平整和摩擦度、障碍的设置等等。总之，要利用有利因素，克服不利因素。天气的变化有时会很快，刚刚艳阳高照，可能马上就会狂风暴雨，在这种情况下要冷静判断。不同天气变化会带来技术上的变化，要采取应变措施，果断做出决策。

上述的原则是有机联系、互为条件和辩证统一的。队员在培养自己战术意识的同时，也应该注意培养观察了解对手的战术特点和打法情况的能力，这样才能在比赛中合理有效地运用战术，取得比赛的胜利。

第三节　木球运动的基本战术

木球的竞赛，对球手技术、心理、身体和运用战术的要求都较高。要想在比赛中打出好成绩，球手必须具备各种击球技术、良好的心理素质、适应较长时间比赛的体能以及运用不同战术的控制能力。笔者通过教学和比赛总结出木球运动的基本战术主要有以下几个方面：

一、合理制定战术计划

战术计划是在比赛中实施战术的依据，制定战术计划是赛前训练最重要的任务之一。在任何级别的比赛前一定要安排队员去熟悉比赛场地，进行赛前适应场地的训练。对各个道次的顺序安排、开球区、球门设置、地理地形、障碍物、草坪的平整度等都要进行记录，然后进行集体分析。根据这些资料和练习时打球的体会合理制定战术计划。战术计划制定是否合理，直接关系到技术的发挥效果和比赛的成绩。

二、打好每道球的第一杆

一场标准的12道或24道木球比赛，有24道不同设置的球道，队员要开24杆，通过比赛中的统计，这24杆开球的情况80%上决定了队员的最终成绩好坏。开球顺利，打到指定区域，为后面的过度杆或攻门杆都会打下良好的基础。

三、利用好长杆和短杆

每一个比赛的球手应该具备两只适合自己手感的球杆，长杆和短杆。长杆增加了挥杆的力矩，可以打出力量较大、线路较长的球，适合50米以上的直道。短杆具有很好的稳定性，对球能够产生良好的控制，适合攻门和吊球。一场比赛，球道的设计多样，长直道和短直道相结合、直道和弯道相结合，其中又穿插着很多的障碍道，需要打起飞球、地滚球、腾空球等等，所以在平时就要穿插这方面的训练，准备最起码两根不同长短型号的球杆。

四、集中精力打球，发挥自己的技术特长

木球的比赛，需要球手全身心的投入，不要受外界环境（气候、场地、对手、裁判等等）影响，更重要的是能够时刻控制自己的情绪波动，始终以平常心打好每一杆球，即所谓赢人先赢自己。一杆球打好了不可得意忘形，打不好也不能丧失信心，要始终保持清

醒的头脑，正确分析客观环境对自己技术的影响。

五、心理压迫，干扰对方

在热身运动中，队员本来能顺利出色地完成技术动作，却故意表现得技术不稳、动作不标准，同时也表现得状态不佳、情绪不稳定等，给对方以错觉，使对方产生轻敌思想。一旦正式比赛开始，则判若两人，出其不意，使对方毫无思想准备，打乱了对方的战术。

而为了给对手造成一种心理压力，赛前训练或热身运动可在对手面前进行，有意识地表现出高昂情绪和十足信心，做出高水平的技术动作，使对手产生心理压力，甚至产生自卑感，从而影响其比赛中水平的发挥。赛前也可大造有利于本身比赛的舆论，如："对自己充满了信心"，"我很适应比赛的环境，一切对我十分有利"，等等。

第四节　战术训练的任务和主要方法

战术训练的目的是使球手掌握木球训练的基本战术和根据战术具备各方面的基本能力，并且在比赛中能够灵活运用，并且达到熟练的程度。战术训练的任务主要如下：使队员掌握木球运动战术的理论知识，了解木球发展的历史和趋势；培养队员的战术意识，促进木球智能的发展；使队员掌握一定数量的战术，提高战术质量，并能在比赛中熟练运用；培养队员坚强的意志品质和不怕困难的精神。

战术训练应根据比赛的要求和木球运动发展的长远目标和趋势，把个人或全队合理组织起来，最大限度地调动队员的主动性和积极性，充分发挥身体和技术特长。训练中用到的方法如下：

1. 在降低条件难度的情况下进行训练

在战术训练的最初阶段，可减少对抗因素，使条件简单一些，难度小一些。

2. 在比竞赛场地更为复杂的条件下进行训练

为使队员能根据比赛进程的发展变化，灵活自如地运用已掌握的战术，球手就需要在更为复杂、困难的条件下进行战术训练，以提高战术运用的效果。一般可采用与高水平的球手对抗、限制动作时间和空间条件、在比竞赛条件更高的标准下进行训练等方式。

3. 按照比赛条件进行战术模拟训练

这种训练能使战术的运用更具有针对性。如在充分了解比赛对手的情况下，针对对手的特点，制定出战术计划，并模拟对手实施战术。

4. 通过组织教学比赛的方式进行实战训练

这一方法可使队员对战术意图理解得更加透彻，掌握得更加牢固，运用得更加合理有效。

5. 通过参加比赛的实践或观看与分析比赛的战例进行战术训练

这样可以帮助队员总结经验教训，针对自己的不足，采取有针对性的训练，培养战术意识，从而不断巩固与提高战术水平。

第十九章 木球运动心理、身体训练

在木球运动中，心理素质与体力、技术、战术的发挥，有不可分割的联系。比如，运动员如果情绪紧张、低落、激动或生气，则机体的潜在力量就不能得到充分发挥。健康心理对于木球运动员尤其重要。在木球比赛中一些不该有的低级失误和犯规，如果单从技术、战术上找原因是不够的，必须从运动员心理方面考虑。因为木球比赛时在场上操作的始终是一人，他的一举一动均为其他参赛队员、观众、教练、裁判注意的中心。在此种氛围下，一个心理素质欠佳的木球运动员是很难完成比赛任务的。而拥有良好心理素质的运动员在关键时刻总是能够发挥正常水平甚至是超水平发挥，给对手以强大的压力。又因木球球小、门窄、场地大，对击球的精确度要求很高，因此击球的质量完全取决于上场队员个人的技术、战术水平和心理素质。可见上场队员的责任和承受心理压力之大，是不言自明的。所以，必须认识到心理因素的重要性，加强对木球队员的心理训练。心理训练就是对运动员大脑进行有目的的、综合系统的规范，通过训练培养和发展运动员在紧张比赛中所必需的心理品质和个性特征，并且通过训练让队员学会控制、调节自己的心理状态。

从心理学方面观察木球运动的复杂性我们会发现：木球比赛需要运动员拥有良好的身体素质。虽然木球并不是一项非常难于掌握的运动项目，但木球比赛赛道总长通常达 700 米以上，长赛道达 130 米，没有良好的身体素质是很难在比赛中取得胜利的。木球比赛每场 12 道打下来，运动员需要进行 400～500 次的思维判断活动，而且每一次判断必须在很短的时间内完成。

从运动力学的观点来看：在挥杆击球时，只要稍微改变一点点杆头面的角度都将会使球出界或影响击球的远度。运动员往往是欠缺如此微妙的调整能力而在比赛中出现失误，从而在比赛中表现出急躁等不良情绪。

木球比赛是轮流击球，这样两次击球间的时间间隔有好几分钟，这期间队员承受的压力很大。木球比赛一般实际击球比赛的时间只占整个比赛时间的五分之一左右，其余的时间都花在了走和场地转换上。在间歇的时间里队员心里会出现各种各样的想法，会引发心理方面的失常导致随后击球技术方面的失误。

所以在木球运动中，拥有良好心理素质、身体、技战术的队员才可能成为木球的优秀队员。为此，在木球运动员培养过程中，除了技战术和身体训练外，加强木球运动员的心理训练，培养他们良好的心理素质具有十分重要的意义。

第一节　木球运动员的心理特征

一、 巅峰状态时的思想和情绪

在对优秀木球运动员比赛中巅峰状态时的表现进行了系统研究后发现，他们高水平发挥的描述中存在如下心理和情绪状态：

（一）技术水平和挑战的平衡。技术水平和挑战都是运动员自己所感知到的，最重要的是运动员个人对技术水平和挑战的主观感知。

（二）意识和行动的统一。巅峰状态出现在运动员的感觉和动作融为一体的时候，这种状态不是意识支配身体而是真正的身心融为一体，运动员根本感觉不到球杆和自己是分离的。球杆就像是手臂的延伸，它们就是一个整体在一起工作，一个流畅的动作便实现了完美的击球。

（三）自信。对优秀运动员和普通优秀运动员进行对比研究后发现，优秀运动员最显著的一个特征就是他们自信。

（四）注意力集中。巅峰状态时的运动员总是将所有的注意力都集中在当前，而不去考虑任何过去或将来的事情，不受外界环境的干扰。

（五）目标明确。事先设置明确的目标和清晰的行动计划，了解自己短期和长期的努力方向。

（六）丢掉自我意识。当一名木球运动员进入了状态时，他就已经抛开了自我关注和自我怀疑，内心非常平静，没有任何恐惧。

（七）内部动机。木球运动员乐于与对手比赛的主要原因是他们出于对木球运动的热爱，能从中获得乐趣。

二、 木球运动员所需要的基本心理技能

为了帮助运动员在比赛中能更容易更稳定地进入巅峰状态，就需要对运动员从心理学角度进行科学评价。

每个运动员对自己各方面的品质进行评价，并将所有评价结果反应在表现剖析图上，这样就能获得关于自己实力和潜力的直观呈现。这些评价包括准备程度、专注度、自信心、领导能力、沟通能力、努力程度、自律性等，并将自己需要提高的方面以书面的形式罗列出来。这样将有助于对自己的弱点进行有针对性的训练。

第二节　木球心理训练方法

一、 主要的心理学现象和问题

心理适应泛指完成一项任务所需要的心理条件，而运动竞赛中的心理适应，则是保证竞赛获胜的主要条件之一。这些条件是竞赛运动所必需的，它不同于一般非比赛性运动，也不是仅指某一心理特点，而是包括认知、情感、意志、注意力、记忆力，以及兴趣、能力、性格等各个方面。

在木球比赛过程中，常常能听到这样的话："今天真不行"，"难以置信，我浪费了一个这么容易的攻门"，"在这样的风中，你不可能赢得比赛"。这意味着木球比赛的胜负不仅取决于身体素质、技术，也取决于心理素质。在一定情况下，心理素质会变得极为重要以至于决定着一场比赛的胜负。例如：

1. 有些队员总是输给某个水平比自己低的对手。

2. 许多队员因为赛前过于紧张而不能在比赛开始阶段找到平时训练的感觉，精力不能集中。

3. 许多队员在他们高水平发挥的时候突然找不到感觉了，他们常会害怕胜利来得太轻易，害怕某些特定的比赛制度等等。

4. 个别队员对外部条件反应不良，如场地条件、噪声干扰等。

5. 某些队员在比赛中会因一些突发事件而失去控制，如不公正的判罚、幸运球、对手的突然良好发挥以及自己的突然失误等。

6. 队员受这些因素的影响程度随着比赛地点和社会环境的不同而改变，如：有些队员只有当教练员在场时才有良好的发挥，在单打或团体赛中会表现出不同的水平。

总结上述行为并探究其原因，主要心理原因来自于害怕（或称压力），自信心不足，精力不集中，自我失控。教练员要形成和探索与心理学观点相对应的有效的训练实用形式，并通过训练实践使之能够满足队员的个人需求。

二、 心理训练方法

心理训练是为了系统稳定地提高队员的心理素质，通过有计划的学习和实践来达到能够在比赛中提高成绩的目的。没有持续、系统、日常的训练，关键技术和身心调整技巧就难以在比赛中得以应用。木球运动中，认知、动机和情绪需要的心理训练可被分成四种类型：团队精神训练，感知和专心训练，动机训练，心理控制训练。

（一）团队精神训练

1. 增强团体凝聚力训练

团队精神主要表现在团体凝聚力上。团体凝聚力是指团体成员之间心理结合力的总体。表现在两个方面：一方面是团体成员对团体所感受到的吸引力，从而自愿参与团体的活动；另一方面是团体对其成员所具有的吸引力，从而把团体成员积极地组织到团体活动中去。也就是说，团体凝聚力既是表现团体团结力量的概念，又是表现个人的心理感受的概念。

总而言之，团体凝聚力表现在知、情、意三个方面。认同感对团体成员的认知给以知识和信息，归属感是团体成员情感上的依据，力量感则给团体成员以力量，使团体成员坚持不懈活动。

提高团体凝聚力的一个重要方面就是认同感，而认同感的核心是对团体目标的认同。因此，向运动员宣传和灌输团体目标，使其对此认同，并激发运动员为实现团体目标做出贡献的愿望，是提高团体凝聚力的必要前提。

人们身处集体之中时，往往不容易感到集体的魅力，时间一长甚至可能还会生出许多抱怨和不满。但是，一旦离开自己所属的集体而身处异地他乡的时候，往往会产生一种孤独感，产生一种回归集体愿望。同时，也总是希望能够从自己从属的那个集体中汲取力量，或是避免因自己从属的集体而产生的卑微感。因此，人们对集体的从归属感和希望自己集体强大的愿望总是可以促使自己为集体做出贡献。

2. 增强责任心训练

责任心就是带着极大的热情向目标奋斗，具有一种自觉地把分内的事情做好的责任。具有责任心的运动员能够忍受更多的痛苦和挫折，承受更加艰苦的训练，能够在不断的失败中坚持训练和比赛。运动员一旦有了强烈的责任心，通常都会为自己的目标而克服重重困难。因此，责任心包含了热情、努力、态度、毅力、激情、压力和付出等。

（1）增强责任心的方法

不要急于求成。不要期望做任何事情都能出现立竿见影的效果，许多事情都需要漫长的等待，需要付出体能和心理上的代价。

要言而有信。要确定自己可操作和实现的目标与承诺，一旦确立，就必须付诸行动，做到“言必行，行必果”。

要相信我能行。回忆自己的历史和曾经的巅峰表现，让这些美好的回忆和良好的表现继续保持并不断出现，达到激发动机、增强责任心的目的。

继续超越自我。继续掌握高难度的动作，用竞争和挑战带来的享受来提升木球的技艺。

与志同道合者一起战斗。无论处境是顺利还是艰难，有一批志同道合的同志都能激励自己，督促自己。

要有责任意识和责任感。与自己最亲近的人承担责任和分享快乐，使自己最亲近的人因为你的进步而激动和兴奋。

(2) 不找借口

人们总有将自己的决策合理化的倾向，为自己的行为辩解。运动员有时会把自己没有坚持正常训练或训练水平没有提高的原因归结于教练员、队友或不可控的环境因素。

第三节　认知和注意力集中训练

一、认知

认知是感知、思维、想象记忆过程的一个综合性术语。认知技巧决定了队员在比赛中的表现。良好的认知水平能够使诸如运动觉察、情境评估、注意力、专注力等正确行为得以系统提高。

现代认知运动心理学从新的研究思路和新的角度涉足这一领域，以信息加工的观点，把人的感知系统在其解剖学基础上表现出的生理机能称为硬件成分，而人类学习、掌握和提高运动技能更多地依靠软件系统的能力，而不是硬件系统的生理机能。个体运动技能方面的差异也主要是由于个体间软件系统差异而不是硬件系统的差异造成的。

如在木球比赛过程中，当队员击打距球门 5 米左右的球时，如果他决定攻门，那么一系列的认知过程在身体动作中已经被设定了。首先他要根据角度和距离进行计算和判断，头脑中设想球的运行路线，进而确定自己击球的最佳角度和力量。这个过程中的计划、考虑、想象和感知都与认知这一概念相结合。当队员完成一记精准的调球或似乎不可能完成的攻门时，我们会说其有很好的球感。其实球感是指特定的能力，这些能力包括对距离和角度的准确估算，策划击球的角度和力度，对身体良好的控制能力和精准的调节能力。也只有具备了这些能力才能达到预期的目标。

注意力集中是指在特定的环境下心理稳定的能力，就是将注意力集中在比赛或训练的有关方面，并在比赛或训练中保持这种注意力。注意力集中可能是木球运动所需的最重要的心理技能。比赛时，队员总有一个在他的内部或外部环境中可能要集中注意力的关注区。

注意力集中是控制队员情绪的关键。它能帮助队员将思维集中在某些有益的事件上,使他们从消极的思维中解脱出来。如果队员想的与做的不同,发挥将受到影响。对注意集中的控制意味着对注意力和范围方面的控制。在木球比赛中,多数情况要求队员由一种注意力转移到另一种注意力。当一名队员出现问题时,其原因就是对该种情况使用了不正确的注意力集中控制方法。

木球运动员在控制和保持专注状态过程中经常会出现内部和外部干扰。

内部干扰是来自运动员自身的想法和担心。这些无关想法会使运动员注意力分散并形成不恰当的注意指向。例如:对这一场比赛缺乏兴趣;想着之前的情况,如前面出现的失误,刚刚错判时与裁判的争执等;将注意力放在后几步发生的情况上,如这一道能打好就能赢得比赛等;因分析而发呆,如运动员因分析自己的打法而注意力分散;因焦虑而分心,如运动员对自己说:"这一杆可不能失误。"

外部干扰可以说是来自所处环境中的使人的注意力从与操作有关的线索上转移开来的刺激。对于木球运动员而言,木球比赛中潜在的干扰因素很多。如:打打停停太多,在两次击球之间的时间间隔太长,从而使运动员在整个比赛过程中难以保持注意力的集中;运动员由于对手的小动作而分散注意力,如对手与裁判发生争执;运动员由于对手的恭维话而分散注意力,如"你今天的攻门真好"。

二、集中注意力训练

(一)训练中的注意力集中练习

1. 听口令击球。用不同的方式击每一个球,击球时听教练员或队友的口令,如短杆、中杆或长杆等。练习队员按口令击出不同距离的球。

2. 有目标的击球。队员击球前说出一个预定的目标。

3. 多球练习。每组 10 个球,要求每组的击球距离都不一样(如 30 米、50 米、60 米等),这样能使队员注意力充分集中。

4. 多球定距离的推杆练习。距离 15 米左右,要求队员推杆调球时将球调向直径为 1.5 米的圆内。

5. 模拟比赛。队员分组打比赛,有惩罚措施。杆数最多的两名队员要受到惩罚,如做 10 个俯卧撑等。

(二)比赛中的注意力集中方法

1. 注意调整赛前的准备。利用比赛过程中两次击球间的间隔时间有效地恢复注意力。

2. 力求将注意力集中在处于自己打法控制下或对击好这一杆有帮助的事情上,如观察球。

3. 借助于目标的确定：

——对一场比赛确定具体发挥的目标；

——对每一杆球都有一个方案；

——紧张时，使用一种特殊的击球动作；

——赛后根据自己的发挥检查目标是否实现。

4. 在注意力分散和逆境中进行训练，如在风、雨、嘈杂的环境中进行训练。

5. 练习注意力分散—集中的技能。如，一杆球结束后，自我分心，分散注意力，当开始打下一杆时，再让精神集中以便准备比赛。

6. 不要消极地评价击出的球。

7. 击球时不要改变主意，在动作过程中做出果断决定并坚持到底。

8. 使用表象法把注意力集中在将要做的事情上。赛前，两次击球之间或转换场地期间，可回忆和体会那些打得好的球。

第四节　动机训练

一、 动机的概念和类型

动机是指开始和坚持一项活动的欲望。它是所有行为的发动机。没有动机，就不会有行动。动机与责任感有关系，具有责任感的运动员训练认真、刻苦，有坚持训练和提高欲望，显示出对训练的热情。在制定训练计划时应充分考虑满足运动员行为动机的需要，积极鼓励他们。

动机可以分为内源性动机和外源性动机。具有内源性动机的木球运动员是那些因喜爱这项运动而打木球的人。他们希望成为有能力的人，能出色地完成任务并获得成功。他们为了内心的自豪，也为了欢乐、愉快、乐趣、好奇等而打木球。这些原因被多数运动员列为打木球最重要的动机。具有外源性动机的木球运动员是那些想得到有形奖励（奖金、奖杯等）或无形奖励（常识、表扬等）的人。这些原因被多数运动员列为不太重要的动机。现实可能是，运动员们打木球既是为了内在的回报，也是为了外在的回报。内在的回报是保持良好动机的最佳奖励，而外在的回报有助于运动员在开始阶段对木球运动发生兴趣。

二、 常见的动机问题及其对策

在一定限度内，随着动机的提高，工作效率也随之提高，但如果超过限度，工作效率反而会下降。最佳工作效率的动机水平为中等，但因工作复杂的程度也略有差异。简单易做工作的最佳效率为中等动机水平偏低；中等复杂程度工作的动机水平介于高低两者之间。适度的动机水平，易于维持个人对工作的热情，同时减少焦虑对工作的不利影响。

（一）常见动机问题及其表现

1. 动机缺乏

（1）在大强度的训练期内缺少激励训练的动机。

（2）参加水平较低的比赛时没有激情。

（3）运动员对训练感到厌烦和单调乏味。

（4）其他方面的原因：如连续失利、个人问题、受伤等。

2. 动机过度

（1）面临非常重大的比赛时。

（2）参加高额奖金的比赛时。

（3）一系列的连续胜利之后。

动机过度是造成心态失衡的重要原因，如应取胜的比赛却输掉了，后悔莫及；在非常重要的比赛中怯场了；面临关键球时不够果断。

3. 消极的动机

（1）怕赢也怕输。

（2）害怕受伤。

（3）害怕别人的反应。

4. 空虚的动机

（1）缺乏动机。如木球对我来说就是一切，输掉比赛我就无法生活，干脆不打球了。

（2）脆弱的外在动机。如只为奖金而打球，为了得到别人的认同和表扬才打木球。

（3）可悲的自我激励。如赢球后我就去吃一顿。

（二）激发动机的方法

1. 激发动机的具体方法

（1）每天记录自己的训练成绩。

（2）与自我激励能力很强的运动员交往。

（3）把木球变成一种乐趣。

2. 合理地设置目标

第五节　表象训练

一、 表象训练

表象训练是在暗示的指导下，在头脑中反复想象某种运动动作或运动情境，从而提高运动技能和情绪控制能力的方法。

表象训练有利于建立和巩固正确动作的动力定型，有助于提高动作的熟练程度和加深动作记忆。赛前对于成功动作表象的体验将起到动员作用，使队员充满必胜的信心，达到最佳竞技状态。

二、 表象训练方法

表象训练时，可进行整体练习，也可进行部分练习。所谓整体练习，就是对所要做的动作从准备姿势起一直想到动作结束，连想几遍，所谓部分练习，就是每次只想象所要做的动作的某一细节或几个动作。要记住，重复想十次动作之后，需要休息不少于三十分钟(因产生了紧张情绪)。所以，每次重复想象的次数不宜太多。

(一) 进行情绪调节的心理方法

影响人们情绪的因素有许多，调节和控制情绪的方法也有许多。有些调节和控制方法，十分简便易行，任何人都可以根据它们指导自己操作，如倾诉宣泄法、日记宣泄法、转移注意法、剧烈运动法等。也有些情绪调节的方法，需要在心理学家的帮助和指导下进行。

1. 倾诉宣泄法

(1) 目的：通过倾诉降低情绪的强度。

(2) 方法：训练和参赛遇到烦恼时，找一个知心朋友，面对面地向其倾诉；取得好成绩，打电话告诉教练、队友和家人，让他们分享快乐。

(3) 说明：培根名言，“如果你把快乐告诉一个朋友，你将得到两份快乐；如果你把忧愁告诉一个朋友，你将减少一半忧愁”。

2. 日记宣泄法

(1) 目的：通过书面语言宣泄自己的情绪，进而控制情绪。

(2) 方法：养成写日记的习惯，遇到困难、挫折和失败时，将自己对这些境遇的真实想法详细写下来，有助于清理思绪，面对现实，平静心情重新开始。

(3) 说明：人在写日记的时候，往往是比较冷静的时候，这种状态有利于对自己面临的现实情况和情绪反应进行冷静和有逻辑的分析。

3. 转移注意法

（1）目的：暂时缓解不快情绪或紧张情绪。

（2）方法：情绪不快或过度紧张时，有意识地强迫自己把注意从应激刺激转移到其他事物上，如进行有浓厚兴趣的娱乐活动（如看演出、逛商店、游公园、打扑克、下象棋等），可暂时缓解不快情绪或紧张情绪。

4. 剧烈运动法

（1）目的：减轻烦恼和焦虑的程度。

（2）方法：遇到使人烦恼、焦虑的事情时，进行相对剧烈的运动，如打球、短跑、短距离游泳等等，可即刻缓解烦恼和焦虑的情绪。

（3）说明：通过体力的消耗，来缓解烦恼和焦虑的情绪。

5. 音乐调节法

（1）目的：通过不同的音乐诱发不同的情绪状态。

（2）方法：选择乐曲，以诱发情绪体验。节奏缓慢、轻松悠扬的音乐，用来缓解紧张；节奏快、旋律强的音乐，用来振奋精神。

6. 表象调节法

（1）目的：通过成功动作的表象，消除恐惧，提高自信。

（2）方法：

①上场前，回想自己过去获得成功时的最佳表现，体验当时的身体感觉和情绪状态，以增强信心，提高运动成绩。

② 击球前，表象最佳技术动作（如完整的长杆动作）。

③ 攻门前，表象球成功入门的情景，会提高攻门成功的可能。

（3）说明：对成功经历的表象重现是一种积极的意念，它可以间接地使植物性神经系统活跃起来，进而促进心跳加快，呼吸加强，使新陈代谢过程的血流量加大，糖分解加速，热能供应充足，使全身增力情绪加强。

7. 呼吸调节法

（1）目的：通过控制呼吸节奏控制情绪的兴奋性。

（2）方法：

① 降低情绪兴奋性的方法：用鼻子呼吸而不是用嘴呼吸；用腹部呼吸而不是用胸部呼吸；采用缓慢和均匀的吸气和呼气，做到吸得充分，呼得自然；呼吸的同时可以暗示自己：吸进安静，吸进自信，吸进力量，呼出紧张，呼出胆怯，呼出懦弱。

② 提高情绪兴奋性的方法：采用长吸气与有力的呼气练习。

8. 自我暗示法

(1) 目的：用积极的语言暗示，镇静情绪，提高自信。

(2) 方法：

① 在将要与对方或裁判发生冲突时，默念“冷静 1、冷静 2、冷静 3”，则会起到控制情绪的作用。

② 即将上场前，默念“镇静，镇静，镇静就是成功”或“放松，放松，放松就是成功”一类的提示语，有助于镇静情绪和提高自信。

③ 在相持阶段，默念“再坚持一下，把对方拖垮”或“对方越来越慢了”一类的提示语，有助于鼓舞士气，提高信心。

(3) 说明：关键时刻进行自我暗示或他人暗示时，应避免使用消极提示语，如“别慌”“手别软”“别紧张”。

(二) 提高自信水平的方法

自信心是人最宝贵的精神财富之一，自信心是成功的前提，也是心理健康的保证。如果让教练员和运动员列举决定运动成绩的因素，恐怕很难找出比自信心更重要的因素了。

1. 成功情景表象法

(1) 目的：通过反复表象正确动作或成功情景，形成最佳动作的心理定势。

(2) 方法：要求运动员每天晚上睡觉前，表象自己的最佳动作或正确动作 3 次。

(3) 说明：表象作为特殊刺激，可以迅速引起人的生理反应和情绪反应，还可以帮助运动员形成良好的心理定势。

2. 积极语言暗示法

(1) 目的：通过反复强化积极语言暗示的练习，形成关键时刻运用积极语言暗示的习惯。

(2) 方法：

① 请运动员在训练日记中罗列临赛前和比赛中经常运用的自我提示语。

② 找出这些自我提示语中的消极成分。

③ 用积极提示语替换消极提示语。如表 19-5-1。

表 19-5-1　消极提示语和积极提示语的比较

消极提示语	转换	积极提示语
紧张	换为	别紧张、放松
失误	换为	想动作、果断
输	换为	增强信心、调节呼吸

④ 每天训练前默念积极提示语1次,以形成做积极语言暗示的习惯。

3. 三种优势法

(1) 目的:通过认识自己的长处提高自信心。

(2) 方法:

① 赛前要求每个运动员针对自己感到害怕的强手,列出强于对方的三点优势。

② 进行全队讨论,互相启发。

③ 赛前晚上睡觉时,默念一遍自己列出的三点优势。例如,一个年轻选手面对经验丰富的老队员列出的三点优势:“我比对手更少包袱”,“我的体力更好”,“我最近一场比一场打得好”。又例如,一个老队员面对一个具备一定实力的年轻选手列出的三点优势:“我的技术更成熟”,“我的经验更丰富”,“我的准备更全面”。

(3) 说明:中国有句老话,“尺有所短,寸有所长”,在面对任何强手和任何困难时,都可以试着列出自己拥有的三点优势。

4. 三点归纳法

(1) 目的:通过三个要点归纳自己的想法,训练自己的分析能力,给人留下良好印象。

(2) 方法:锻炼自己在重要场合讲话时,用三个要点归纳、突出和总结自己的想法。

(3) 说明:说话时归纳三个要点,既不多到难以记住,又不少到内容贫乏。而且三个要点就像三角形,可形成最稳定的支架。

5. 从易到难法

(1) 目的:通过完成较为简单容易的任务,逐渐积累自信,再面对困难的挑战。

(2) 方法:

① 将所要达到的最终目标化整为零,分为若干小的或中等的任务。

② 根据难易程度将这些小任务依次排列,容易的在先,困难在后。

③ 先完成容易的任务,再完成困难的任务。

(3) 说明:完成较为容易的任务时,会产生成功的喜悦并逐渐积累自信。

第六节　身体训练

木球运动是一项由许多短时间的紧张剧烈运动和走步组成的间歇性体育项目。运动员在场上比赛的时间一般为3～4个小时,还要承受烈日、雨水、大风、寒冷等恶劣条件的考验,同时在整场比赛中,击球次数多、挥杆多对体能要求也较高,尤其是在一些场地环境比较恶劣或在沙滩道次打球的时候,没有良好的爆发力和耐力是不可能取得好成绩的。因此，球手体能的训练，必须在全面发展运动素质的基础上，重点提高专项技术、速度力量和柔韧性等几个方面。

一、力量训练

力量是各个运动项目的基本素质，一般理解为人体或身体某部分在运动时克服阻力的能力。力量训练可分为专项力量训练和一般力量训练。

力量是木球球手的基本素质，对球手来说，力量好，长杆击球有力，就能打出爆发力强而且有良好控制的球来。这就要求球手具有良好的快速力量以及大幅度的全身协调用力的能力，包括：肩、腰、背、腹和上下肢力量。对腰背、腹部力量训练应予以重视，因为它起到承上启下的作用，如果忽视这方面的力量训练，会影响下肢力量的传递和上肢力量的发挥。

二、速度训练

速度素质是人体或身体的某部分进行快速运动的能力。它包括反应速度、动作速度和动作频率三种类型。速度训练最好要安排在队员体力充沛、精神饱满、运动欲望强烈的情况下进行，这时机体状态良好，条件反射强烈，容易取得良好的效果。

速度训练包括一般速度训练和专项速度训练。木球球手的一般速度训练有反应速度和动作速度。专项速度训练是运用某些专门的动作进行训练并加以提高。训练方法多种多样，这需要教练员多多发现和总结有效的方法，并结合实际形成自己的训练技巧。下面列举几项发展专项速度训练简单而有效的方法：

1. 徒手模仿挥杆练习
2. 快速挥浴巾练习
3. 快速挥扫把、拖把练习
4. 拉橡皮带快速挥杆练习
5. 轻负荷快速挥杆练习

三、耐力训练

耐力素质是有机体长时间工作抗疲劳与疲劳后快速复原的能力。木球球手在比赛中需要长时间的身体消耗，良好的身体耐力能力保证球手在比赛结束时能和比赛开始时具有同样的精力，我们常常见到这样的情况：球手比赛的前几道打得都相当好，但是越到后来越糟，越糟越急躁，致使比赛失利，其实究其原因就是缺乏木球项目专项耐力的缘故。

木球比赛不仅需要力量、速度，而且需要耐力，因为哪怕是轻度的疲劳也将对比赛产生不良的影响。疲劳一旦产生，力量、运动速度、神经肌肉的协调性都会降低，同时耐力还被视为衡量身体健康程度的重要标准。

第一，发展耐力素质，大脑皮层会形成一种最适宜节律的兴奋和抑制相交替的动力。大脑皮层的均衡性会得到明显的改善，中枢神经系统传往肌肉的兴奋冲动就会更加准确，而且神经中枢还可以调整各运动机能单位轮流参加活动。所以，较高的耐力素质会使肌肉活动时的收缩与放松有很好的节奏，表现出高度的协调性。

第二，发展耐力素质，会使植物性机能活动提高，特别是促进呼吸、血液循环机能的改善。心脏血管、呼吸器官机能的提高，是耐力素质得到发展的重要标志之一。

第三，发展耐力素质，能使肌肉的碱储备增多，提高呼吸中枢兴奋性，改善体温的调节能力。由于长时间的肌肉活动，体内产生了大量的热量，导致体温升高，这样会导致工作能力的相对下降。

耐力素质的训练，要根据训练时期、训练阶段掌握适当的训练量，以免造成过度疲劳。

耐力素质可分为一般耐力和专项耐力。一般耐力是指有机体在长时间强度不大的工作中抗疲劳的能力，这种长时间的工作主要靠有氧代谢功能，呼吸和循环系统的机能是影响一般耐力的主要因素，球手的意志品质对一般内力也有直接影响。各种形式的中、长跑和长距离游泳是发展一般耐力的好方法。专项耐力是指机体克服专项运动负荷所产生的抗疲劳的能力。

下面简单地介绍几种发展一般耐力和专项耐力的训练方法：

（一）发展一般耐力

1. 1000～5000 米跑

2. 越野跑：要求计时或计程跑

3. 跳绳练习：5～10 分钟

4. 600～800 米跑组合练习

5. 可采用小重量、多次数的方法进行上肢、下肢、腰背的力量耐力的练习。具体方法同力量素质练习类似，只不过侧重于数量多、力量小而已。

（二）发展专项耐力

1. 多次击球练习：采用规定时间或规定球数的方法进行练习。

2. 超量实战比赛练习：增加比赛的道次，比如，比赛时是 24 道，我们平时练习时可以打 36 道，甚至更多道。

3. 综合性体能练习：将几个发展不同素质的练习结合起来，形成一组练习。由于各个练习目的不同，对发展综合性体能具有积极作用。

四、柔韧训练

柔韧素质是指人体各个关节活动的幅度和肌肉、韧带的伸展能力。一个高素质的木球手应该具有良好的腰背、髋、肩、胸部的柔韧性。

柔韧素质的好坏不仅取决于结构方面的变化，而且取决于神经系统支配骨骼肌的机能状态。柔韧素质发展了，中枢神经系统调节对抗肌之间的协调性也有所改善，肌肉紧张和放松的调节能力也会大大提高，肌肉运动更加协调。同时肌肉的伸展幅度对力量的发挥有重要影响，尤其在速度力量上表现得更加明显。所以柔韧性的调高有助于加大击球力量。

木球运动是上肢、下肢和躯干相配合的全身性的协调运动，每个技术动作的完成都需要协调和柔韧性。协调和柔韧性的好坏，直接影响着动作力量的大小、速度的快慢和动作的准确性。柔韧性差是导致错误动作的原因之一，特别是肩关节、髋关节和腿部肌肉群的柔韧性，对技术动作幅度影响较大。柔韧性提高了，肌肉活动的协调性加强了，既有助于较快地掌握动作的要领和迅速提高运动技术水平，也可以防止运动损伤发生。下面就介绍几种简单易行的柔韧练习方法：

（一）上肢的柔韧性练习

1. 压肩、转肩

2. 颈后侧拉肘

3. 肩关节大幅度绕环

4. 前臂以肘为轴外旋、内旋

5. 手腕屈伸、绕环

6. 推压手指

（二）下肢柔韧性练习

1. 压腿练习（正压、侧压、后压、弓箭步压腿）

2. 摆腿练习（前摆、后摆、侧摆）

3. 劈叉（纵劈叉、横劈叉）

（三）腰部柔韧性练习

1. 仰卧侧转

2. 坐姿，双手摸脚尖

3. 坐姿，左手摸右脚尖，右手摸左脚尖

4. 俯卧后仰练习，同伴压住脚踝部，越高越好

5. 侧身抬体

6. 腰部大幅度绕环及体前后曲

7. 背“桥”练习

五、灵敏性训练

灵敏是一种综合性素质，是运动技能和各种素质在运动过程中的综合表现。灵敏素质的发展与各种身体机能的改善是有密切关系的。灵敏素质好，在运动过程中能够表现出在空间和时间上的准确定向、定时能力，表现出动作准确、变换迅速。灵敏素质只有在熟练掌握运动技能后才能表现出来，因为运动技能掌握得越多，运动活动中就显得越灵敏。这是由于通过大量的一般训练和专项训练，大脑皮质的灵活性得到了提高。灵敏素质的发展，需要提高速度，还需要有力量和柔韧性作保障，这样才有可能表现出良好的灵敏素质。

（一）上肢的灵活性练习

1. 持球杆以肘和肩为轴前后绕环

2. 持球杆模仿挥杆动作

3. 持球杆两臂同向或异向体侧绕环

（二）髋部的灵活性练习

1. 原地起跳 180 度或 360 度转体练习

2. 高抬腿交叉转髋练习

3. 交叉步侧向跑练习

（三）下肢的灵活性练习

1. 快速提脚练习

2. 单腿轮换高频率踏跳

3. 半蹲，向两侧、前后做并步移动

4. 跳绳练习

5. 左右脚踝关节绕环，变换方向进行

6. 两脚前后、左右分开跳

（四）身体训练的基本要求

1. 在短期、中期和长期的训练计划中，要合理地、全面地、有计划地安排身体训练

2. 身体训练内容与技术训练、战术训练、心理训练等相结合

3. 经常检查身体训练的效果，使之全面、协调、按比例发展

六、 木球技术训练研究的内容

木球运动是需要球手耐心细致、力量准确、精力集中、技巧平衡和对球门有一种强烈感觉的运动。根据比赛场地的不同,球手要适时调整自己的技术运用方法,用合理的力量、方向、准确性,来选择什么时候攻门、调门等等。这就对球手所应具有的技术素质提出了更高的要求,以下列举一些比赛中所必需的基本的技术方法,希望各教练和研究工作者在平时的训练中多多揣摩,改进和创新出更多合理的技术动作来。

主要的技术包括:

1. 击球训练
2. 攻门训练
3. 短杆训练
4. 中杆训练
5. 长杆训练
6. 各种不同线路球的训练(直线球、弧线球、腾空球、地滚球、跳球等)

各种技术的训练和方法在前面已经详述过,这里不再重述,我们要掌握的就是创新精神,不断地去改进训练的技术和方法,尽早地建立起符合自己的训练体系。

第二十章　木球科研常用的方法

木球运动发展至今已有二十多年了。据国际木球总会秘书长翁启祥介绍,现在的木球研究理论大部分都是博士论文和一些木球杂志上的文章。为了更好地推广木球,加强木球理论的研究和木球技术动作的创新,笔者特意把木球常用的科研方法给读者做简单的介绍。

第一节　木球科研方法

体育科研方法是指人们为了科学地认识和了解体育运动发展的客观规律,而采用的途径、手段、工具和方式的总称。依据体育科学研究方法,在木球教学训练中,要了解木球动作结构,掌握理论知识,运用木球的技、战术于比赛,就必须对木球的精神实质进行剖析和研究,对木球的功能、发展概况、未来发展前景进行认真的研究。

木球运动是一项新兴的运动,更是一门交叉、互相渗透的综合学科。它集休闲、娱乐、健身、竞技、团队精神培养于一体,深受人们的喜欢。对木球运动的研究,必须广泛借鉴和汲取其他学科的研究方法。从木球的不同角度,按照不同的内容进行分类研究。

一、文献资料法

文献资料法:主要借鉴木球的文献资料和国内外的科研成果等研究资料进行研究,如木球训练、比赛、教学、团队培养等方面提供的数据。对国内外有关木球的发展史、竞赛资料、木球开展的研究方案、木球宣传杂志等有关木球的材料等进行统计、分析,对木球研究的内容及有关的材料进行归类整理,将资料的精华部分运用到研究中,再进行融合分析,得出结论,撰写研究报告、论文、专著等。

笔者从事了30年的教学研究工作,多采用文献资料法进行各学科领域的研究,现从亲身体会同木球研究者一起分享文献资料法的运用成果。

(一)有关部门的研究成果

笔者在文献资料的研究中主要采用有关部门的研究成果和资料,因为它是来自最基层、最具有权威性的资料。数据虽说繁杂,但它记载得最翔实,但也往往被别人忽略。我们可以从中发现,最具有价值、最具有创新的研究成果就是被忽略的东西,把忽略的文献资料进行细致加工、整理，运用自己的文笔进行修饰和点缀，一篇优秀的论文研究报告就脱颖而出了。

（二）文献资料收集与网络搜索

1. 文献资料的收集

收集资料第一靠平时的收集资料，凡是跟自己研究方向有关的书籍和学术价值较高的著作一定要购买。第二是跟研究方向有关的报刊、文摘的剪贴，平时要有张贴的习惯，把废旧报纸和文摘上的一些文章剪下来分类粘贴在自己的文本里面，用起来得心应手，否则到处寻找，寥寥无几，写起文章来内容空虚，文不对题。

2. 网络搜索

随着现代网络技术的快速发展，信息的搜索非常快捷。看到凡是跟自己的研究有关的文章，可以下载，然后根据自己所需的内容分类放在电脑里，需要时把精华部分用在自己的文章里，既省时，又快捷。

3. 资料选择的注意事项

资料选用一定要在文章里注明作者的姓名、文章的名称、出版单位、年月(卷)、选用的页码。

4. 资料选择的大忌

资料选用不能章、节和自然段落全抄，除引用概念外，其他都要灵活运用，如可以用某一自然段的原意，又要说明自己的意思，要把它变成自己的语言，切勿剽窃他人的作品和论文。这是文献资料研究中的大忌。

二、观察法

观察法实质上是指在木球教学和木球训练过程中，对某一问题经验的总结。

（一）经验

就是将从教学、训练、比赛中所取得的成绩中获取的经验，从论文或课题中摘录出来，供教练员、裁判员、运动员在工作和训练中汲取经验，少走弯路，更好地提升木球运动成绩。

（二）教训

做任何事情都是探索、创新，走前人没有走过的路，难免出现差错。关键是汲取教训，在论文中作为教训和经验总结。如：木球技术教学中，由于对动作理解不够，在做示范时讲错了，这时教师、教练员需要总结自身的原因，在今后的教学中改进。在撰写论文时，写出动作产生错误的原因，以便他人在学动作中，走出误区，作为借鉴。

（三）创新

在木球教学中，发现对某一技术动作有不符合人体运动规律的动作，改了以后，动作完善了，成绩提高很快，并在此基础上又研究出了新动作，这就是创新。如笔者观察门球动作有些可用于木球技术，符合木球运动的规律，以及在教学中发现低姿势提高运动成绩很快，就创新了低姿势动作。

（四）建议

在撰写论文中，通过观察经验总结后，要有建议，建议研究中需要的经济支持，如经费投资，实验器材、训练器材、研究工具的补充等，也可以建议领导支持。

三、调查法

调查法是指通过直接或间接接触，搜集并获得有关研究对象事实材料的一种研究方法。主要通过发放调查表、访问与座谈、现场观察与测量等形式进行，此方法可以在较短的时间内为研究提供大量翔实的材料，为木球运动的发展研究提供依据。它具有很多行之有效的方法，常用的有：

（一）问卷调查法

1. 开放型问卷

开放型问卷就是不为被调查者准备标准答案。被调查者根据问卷所提出的问题，自由回答。被调查者不受任何限制，随心所欲表达自己的意见和建议，这样调查者可以获得丰富的材料。例如：(1) 你对木球的发展趋势有何看法？(2) 你对木球脚踢球如何理解？

此方法比较常用，但回收率低，统计工作难，工作量较大。

2. 封闭型问卷

封闭型问卷是让被调查者按照调查者设计的问卷形式回答，只是在问卷中打“√”或打“×”就行了，这样，被调查者不用费太大力气。这种方法回收率高，但调查结果有时会产生偏差。

3. 开闭式问卷

开闭式问卷是指调查的问卷一半是开放型的，一半是封闭型的。这样的调查问卷比较科学，能反映被调查者的行为和心理状态，更能反映出被调查者的心声。

（二）抽样调查法

抽样调查法是指从被调查者的总体对象中，抽取一部分样本进行研究，并以调查特征值算出总体特征值。这种方法在木球研究推广中比较常用。它的优点是随机性很强，均衡性较好，性价比高。

（三）访谈法

访谈法是指调查者通过走访、面谈及电话询问等形式调查，此方法既节省时间，又能真实地反映被访者的情况。在木球研究中，主要以走访名人、名家为主，使研究更具有权威性。如研究木球的发展史，访问木球的发明人翁明辉先生，任何人都没有疑异。如果走访的专家是亚洲木球总会会长郭进家先生，他的观点和论据具有权威性，也能证明研究观点的真实性。

四、实验法

实验法是指根据课题的目的，利用一定的物质手段（科学仪器、设备）或变换条件，人为地控制或模拟研究对象的研究方法。它主要是在特定的环境条件下进行实验观察，从中获得翔实的第一手资料。它包括定性实验法、定量实验法、模拟和模型实验法、单组实验法、对照实验法、中间实验法。

（一）定性实验法

定性实验是用以判断实验对象具有哪些性质，某些因素是否存在及其是否具有某种关系的一种实验方法。如运动员吃了专业的营养保健品后对机能进行检验，如训练效果、身体的恢复情况等。

（二）定量实验法

定量实验法是测定某个研究对象的性质及其他影响因素的数量值，揭示某些数量关系的一种实验方法。主要是定量训练，例如用半蹲杠铃提高腿部力量和弹跳能力，一组半蹲、一组深蹲，训练次数、重量、组数等条件均相同，看每组弹跳能力能提高多少，再进行结论性分析。木球运动员可采取上肢力量训练方法，通过定量分析研究运动员挥杆的距离。

（三）模拟和模型实验法

模拟法又称模型法，是设计出与被研究现象或过程（即原型）相似的模型，然后再通过模型间接地研究原型规律的一种实验方法。

现代模拟研究把研究的模拟动作、技术、战术输入计算机，计算机再分类模型与原型之间相似的关系及动作结构的合理部分，找出研究的素材和内涵，探索木球动作教学的教学程序，进行技术动作的模拟实验，提高运动成绩。

（四）单组实验法

单组实验法是以一个总体或样本为实验对象，采用不同的训练方法，在教学训练前确定指标进行单组测验获得数据，经过一段时间，检验提高成绩的多少。在木球队中以团队测定成绩作为单组实验，效果评价最好。

（五）对照实验法

对照实验法也称为比较实验法，通过两组进行实验对比，一组是实验组，一组是对照组，通过一段时间的训练，对两组队员掌握动作的情况进行评价，这是在体育研究和木球研究中经常使用的研究方法，也是比较具有说服力的一种研究方法，具有可信度。

（六）中间实验法

实验过程中，取研究方案中间的实验方法进行检验，看是否符合研究的标准，从对修改实验条件控制程度到设计完善研究方案，使其科学化。在木球教学训练中不常用，主要用于大型研究项目。

五、测量法

测量法主要是根据研究课题的目的，有计划地借助测量工具，搜集某一事物或现象中的某种因素特征的一种方法。测量方法广泛应用于体育科学研究，如木球运动员运动成绩的提高、训练量的大小等都可以通过测量进行差值的分析研究，既是客观又是微观的，既是实验的又是调查的，既是统计的又是观察的，得出的科学研究成果和资料数据是实用的、科学的，具有应用价值。

第二节　木球科研的类型特点和形式

一、科研类型

木球科研的类型主要有三种。

（一）基础理论研究

基础理论研究是以发现和研究体育运动中的基本规律，发展体育科学理论，揭示各种体育现象之间的联系为主要目标的研究。

木球基础研究的主要任务是探索木球运动的实践和木球理论中的基本规律，研究开辟木球新的发展趋势，创新木球新的理论，寻找新的发展方向。它是木球自身发展的基础，通过基础理论的研究，可以验证和提出新的理论研究，不断丰富和发展木球基础理论，为应用木球研究和开发木球研究提供理论依据。

（二）应用研究

应用研究是指在体育领域内为特定理论的应用所进行的研究，主要是为解决木球实践中出现的问题提供科学原理，应用有关基础理论为木球理论的发展做出贡献。

木球教学研究，专项技、战术研究，运动场地及器材研究等都可以用于应用性研究。

（三）开发研究

开发研究又称推广研究，即对体育科研成果做进一步的验证和推广。如木球的推广，木球球杆金属材料的选用，新的场地的开发，新的球具制作的工艺流程等都属于开发研究。

二、科研特点

科学研究是一项艰苦的创造性劳动，它在继承前人成果的基础上揭示研究对象的规律，把未知变成已知，因此，继承性、探索性、创造性，是科学研究共有的基本特点。此外，对体育运动的科学研究还有自身的特点：

（一）创新性

科学研究的目的就是为了发现新事物，创造知识，在继承前人成果的基础上进行创新。木球的科学研究以木球教学训练为主题，使训练方法从低级到高级，向不断完善的科学化的方向发展。木球创新研究是对木球动作的技术创新。

（二）综合性

体育科学是一门综合性科学，它的研究涉及其他综合学科，包括自然科学、社会科学和人文等学科的渗透交叉综合研究，如木球设备的研究牵涉到材料学。木球属于休闲运动，属于休闲运动学等方面的综合研究，要进行多学科的交叉学、边缘学的综合研究，才能使人们更加了解木球运动。

（三）应用性

木球学应用研究属于应用性研究项目，主要是应用此项运动进行全民健身，它又属于应用于运动实践的范畴。要解决应用性的问题，必须把握木球的运动特点，将技术应用到科研中去，来指导运动训练，提高木球运动成绩。

（四）对象的动态性

科学研究主要是针对具体人，即运动中的个体，如运动员及运动中的某一个对象。研究涉及双重性、社会性、自然性，所以在木球运动中需注重个人与团队精神的培养。个体差异与训练中的区别对待都属于木球训练的个体差异研究，应对队员区别对待，才能取得好的成绩。

三、科研的主要形式

科学研究的对象不同，项目不同，研究的方法和形式就不同。所以，研究手法和形

式又由研究的方向所决定,研究从简到难,形式多样。研究的主要形式:

(一) 文献研究

主要指对借鉴的文献资料的分析研究。

(二) 经验总结

总结自己和其他人的经验,把它变成自己的东西,对某一问题进行探讨、商议,提出新理论、新方法、新见解,再论证总结,就成了自己的研究成果。

(三) 调研报告

调研报告是在深入调查研究的基础上形成自己或单位的研究文章,即研究报告或调研报告,如木球在学校发展现状的调研报告,木球队在我国全民健身活动中的作用研究等。

(四) 专题研究

专题研究是针对某一问题的专题研究,不牵涉其他问题,如木球球道赛的胜负判定,木球战术和木球技术动作的探讨等,重点解决某一重大问题。

以上是木球研究的主要形式,有待学者进一步探讨新的形式。

第三节 科研论文的撰写程序

科研论文的撰写是一个系列工程。一篇好的论文,包括选题的构思,撰写计划,文献资料的收集及借鉴,论文的核心内容,假设的结论、建议,发表,申报研究成果,审评,应用,存档等主要环节。

一、选题

选题时根据自己掌握的材料准备要写的内容,选定一个题目。选题是论文撰写的第一步,要判断选题是否适宜,是否适合当前研究的方向,是否符合现代时尚的要求,是否掌握了现代科研的动态和前沿技术,是否有一定的经济价值和现实意义,是否适合自己的撰写特长和研究内容,论文写好后能否发表等。不要盲目地写,如果已发表过很多这方面的文章,别人已把自己的观点和核心内容研究得很透彻,那自己研究的论文就失去意义。如果选题新颖,那就是成功的一半,一篇文章的选题往往是能否发表的关键,所以,选题要仔细琢磨,千万不要出现选题时标题不通的情况,更不要选超过二十字以上的题目。如出现这些问题,编审一看题目就否决了,所以选题既要慎重,又要符合论文的内容。选题正确是保证研究顺利完成的前提。

二、 制定研究计划

选题确定以后，紧跟着就是围绕题目，提出写作计划，也就是写作的步骤。第一步写研究的目的意义；第二步写国内外研究的现状；第三步写研究的主要内容、理论依据；第四步写是自己创新的观点；第五步写结论与建议等。计划列好后，要制定完成时间表。研究从计划入手，制定研究方案，二者完成好以后，撰写论文就有头绪了。

三、 收集资料

收集资料是论文撰写的基础工程，只有收集资料充分，写起来才得心应手，借用别人的东西论证自己的东西才有理有据。资料收集要不断积累，借鉴的东西要是精华，是论文概括、论证的重要组成部分，也是论文理论研究的步骤和基础。

四、 研究与分析

把研究分析的材料和借用的材料进行分类、整理、加工成自己的语言，再对材料和自己的材料进行融合，上升到感性认识和理论认识，提出自己的研究观点和结论，分析论证自己的观点、结论的可行性，再进行反馈、检验总结，使它建立在科学的基础上，这是论文撰写的核心部分。层次清晰，条理分明，证据翔实，一个好的论文就完成了主题工程的构建。

五、 撰写论文及后续工作

撰写论文时，根据论文的书写格式和表达形式，要做到主题鲜明、结构严谨、层次清楚、用语准确、语言通顺。论文完成以后，要认真修改，三分文章，七分修改，一篇精辟的文章是改出来的。要逐字逐句地修改，征求意见后再修改，做到进一步的完善，自己满意后就可以按照程序投稿。投稿完成以后可以在刊物规定的期限内查阅是否刊用，不要一稿多投。如不能发表，根据编审的修改意见再修改补充，也可以再投其他刊物，直到发表。

六、 论文成果申报

论文发表以后，也就是你的科研成果得到了认可，得到了社会的公认。你就要把你的成果转变为科技服务，把成果与大家分享。申报成果评奖可进一步促进科学研究的发展。

上述是作者个人的在撰写论文中的体会，供木球研究者和论文撰写者借鉴。

第四节　课题研究与结题报告

课题申报是论文撰写又提升到了一个新的层次。它的研究内容跟论文不完全一样,它要求研究者具有团队协作精神。它是对一个研究的详细总结,课题研究包括课题申报、结题报告、成果申报等环节。

一、课题申报的主要程序和内容

(一) 申报人基本情况

首先是申报的项目分类、类别,主讲人和参与者,预期成果等。

1. 项目分类、类别

分类包括基础研究、应用研究、其他研究。基础研究属于开辟新领域,创造新理论,寻找新方向的研究,为应用研究和开发研究提供研究的依据。应用研究指应用于项目教学训练中的研究。其他研究主要是推广研究,指社会、哲学、人文方面的研究,申报时一定要搞清楚三者的性质与申报课题的关系后再填写。

类别分为重点项目、一般项目、青年项目。填表前,首先看一下指南,再根据自己的研究项目填写。

2. 主持人和参与者

主持人(项目负责人)一栏首先填写自己的简介,再认真填写研究专长和方向栏目,一定要与研究课题申报的内容一改,切勿乱填。

参与者,主要选择专家、学者等具有权威性的人员参与课题组。为了使课题申报具有权威性和提高申报成功率,在研究团队中,最好专家、学者占三分之二,充分显示研究者的实力。

3. 预期成果

预期成果是指研究期满要出成果,否则结不了项。

(二) 选题依据

选题依据包括研究的目的意义,国内外研究现状和存在的主要问题。

撰写研究目的要简明扼要,既要说明问题,又要有明确的目标和定位,切不可含糊其词。

现状与存在的问题:现状要详细叙述国内外的研究现状,要分层次填写国内、国外存在哪些方面的问题,同时找出问题时要引申到研究内容中的观点。

(三) 研究目标和主要内容

研究目标是研究要达到的目标,研究目标要详细阐述。

主要内容是研究申报的核心内容及精华部分。

(四) 技术线路(关键)和创新点

主要技术线路就是采用何种方法去实施课题研究,可以用表的形式,也可以简要说明。

重点是创新部分,要把观点和创新内容详细展现并进行说明,这是自己的研究成果通过评审人员的认可的关键,评委会注重指标和研究的可行性。

(五) 进度安排和条件保证

进度:怎样分时间阶段研究,详细分工安排。

条件保证:一是前期成果,二是设备,三是资金,四是研究手段。

(六) 经费预算

经费预算是关键的一栏,不可忽视。要根据资助的费用填写,把经费主要用在调研、研讨会和仪器资料费上。

二、 结题报告的格式

结题报告是完成科研成果后的一份成果材料,包括研究报告、活页、文章、结项申请表等。要求把研究的内容及结论详细说明,以充分的证据论证研究的科学性、实用性、创新性、可行性。结题报告的形式与调研报告的形式差不多,主要程序如下:

(一) 研究报告

1. 研究项目题目

2. 研究单位、主持人

3. 简要(摘要)

4. 英文翻译

5. 研究全文

6. 主要参考资料

(二) 活页

活页就是不带单位、姓名,只有研究成果的全部内容,主要是用于成果评审。

(三) 成果发表稿

成果发表稿可以说是研究的全部精华,不管结题报告有多少字,都要缩写成6000字左右,形成便于发表的文章。这也是忍痛割爱的一个举措,只有精益求精,才是最好的。